Guía De Recursos
Para Desarrollar Tú Negocio

Tomás Alberto Ávila
Milenio Associates, LLC

Library of Congress Catalog Card Number: Pending

ISBN 978-1-928810-05-6

PRINTING HISTORY
Third Edition

Milenio Publishing, LLC
61 Tappan Street
Providence, RI 02908
Phone: 401-274-5204
Fax: 401-633-6535
milenioassociates@yahoo.com

ÍNDICE

Introducción

Ahora, más que en cualquier otra etapa de la historia, el motor que mueve la economía es el pequeño negocio. Cada año se inician cientos de miles de nuevas empresas, y es imperativo que su lanzamiento sea apropiado y que dispongan de todas las oportunidades para establecer sus nichos en el mercado actual.

Se estima que los próximos años habrá un crecimiento significativo en los gastos de consumo personal y que las pequeñas empresas serán la fuente principal de generación de empleos en este país tal como lo ha sido históricamente. Dentro de este panorama, o sector sobresalen los pequeños negocios Latinos, los cuales de acuerdo a Héctor Barreto director de la Administración de Pequeños Negocios durante su visita por Rhode Island es el sector de más alto crecimiento a nivel nacional.

Durante su visita, el Director Barreto se reunió con miembros de la comunidad comercial Latina de Rhode Island en las instalaciones de la compañía AldoTech Corporación de Warwick.

En dicha reunión el Señor Barreto también compartió con los asistentes, que el Presidente George W. Bush ha recomendado a su agencia y los miembros de su gabinete integrar los pequeños negocios Latinos a su plan económico, debido a que este segmento de la economía esta creciendo en mil millones anuales y un 40% anual con proyecciones de $300 mil millones anuales y un crecimiento a 8 millones de pequeños negocios Latinos el 2010.

Con esas proyecciones en mente, el Sr. Barreto ha informado al Director de La Agencia Federal Para el Desarrollo de la Pequeña Empresa (SBA, por sus siglas en inglés de Small Business Administration) del estado, que tiene que trabajar muy de cerca con los comerciantes Latinos y proveerles y facilitarles información sobre los servicios de la organización, al igual que ayudarles en obtener los préstamos proveídos por el SBA.

Antes de comenzar y para asegurar el éxito de su negocio, es muy importante que se informe de todos los reglamentos, requisitos y aspectos de la administración de su negocio. Asegúrese de tener aprobados todos los permisos, licencias y registros necesarios antes de abrir las puertas de su negocio.

Aunque esta publicación ofrece una gran cantidad de información, no debe ser usada como única referencia cuando comience un negocio. Los reglamentos y aspectos legales cambian constantemente; los cambios en las fechas pueden obtenerse a través de las diferentes agencies del Estado que se encuentran incluidas dentro de este manual. Finalmente, recuerde que es importante verificar estos aspectos con la ciudad y con el estado, antes de emprender cualquier negocio.

Confiamos en que sea de su agrado la presente edición de esta guía, que ha sido producida con la esperanza de proporcionarle, a usted que piensa emprender un negocio la información, que habrá de necesitar a lo largo del proceso de montar un pequeño comercio y colocar los cimientos apropiados para el crecimiento de un negocio triunfador.

Hemos procurado presentar la información en un orden lógico para que usted disponga de una guía para organizar y legalizar su negocio. Sin embargo, los procedimientos y requisitos pueden variar un poco según su ubicación y la industria a la que pertenezca. Le sugerimos leer la guía completa una vez y luego volver atrás e iniciar el proceso de conformar su empresa.

Esperamos que esta guía le sea provechosa y le proporcione la motivación y los conocimientos para llevar su idea de su mente al Mercado. Nuestros mejores deseos por el éxito de su pequeña empresa.

Gran alza de negocios Hispanos: Se estima un crecimiento de 55% en los próximos seis años

A pesar de las dificultades de la economía, durante 2008 los hispanos continuarán siendo el grupo minoritario con mayor iniciativa para la creación de negocios.

"Nuestra estimación anticipa que habrá entre 2.2 y 4.1 millones de negocios en propiedad de hispanos en 2008", dice Frankie Rey de Perea, economista de negocios para la publicación Hispanic Business, explicando que dichas cifras marcan el intervalo entre los peores y mejores resultados, respectivamente, que podrían obtenerse dependiendo de la marcha de la economía durante los próximos meses.

Rey de Perea señala que una proyección realista podría fijarse en torno a los tres millones de negocios, según el estudio que acaba de publicar HispanTelligence, la división de investigación de Hispanic Business Inc.

De acuerdo a dicho reporte, en 2007 las ventas generadas por los negocios hispanos alcanzaron los 330,100 millones de dólares, y continuarán creciendo hasta llegar a 539,000 millones de dólares en 2012. El comercio minorista, mayorista y el sector de construcción son hasta ahora las tres industrias con mayor representación de empresarios hispanos.

Cal Caswell, quien hasta finales del pasado año dirigió el Centro de Desarrollo de Pequeños Negocios (SBDC) de la Universidad Loyola Marymount (LMU) , cree que los hispanos continuarán marcando récord en cuanto a creación de negocios.

"A pesar de que suelen tener en su contra aspectos como el acceso a capital o el nivel de educación, se sobreponen a estos obstáculos gracias a su tenacidad y ganas de triunfar", dice Caswell.

Caswell, quien también es director de educación ejecutiva en dicha universidad, señala que las nuevas generaciones de hispanos vienen "pisando fuerte" en cuanto a sus educación empresarial.

"Varios de mis alumnos con más conocimientos informáticos son hispanos perfectamente preparados para resolver cualquier reto cuando estén al frente de sus negocios", dice.

Pero Caswell señala que en su posición en el SBDC de LMU ha trabajado también con inmigrantes menos jóvenes y en muchos casos sin un alto nivel educativo que buscaban ayuda para crear sus negocios.

El experto informa que un 78% de los aproximadamente 500 clientes que han ayudado en el centro son hispanos.

"Aunque muchos necesitaban apoyo en el desarrollo del plan de negocios, venían no sólo con una idea, sino con proyecto viable y realista", dice Caswell.

La consultora internacional Research and Markets, con sede en Dublín, Irlanda, que por primera vez ha incluido este año los negocios hispanos de Estados Unidos como una categoría diferenciada en su análisis, anticipa que durante los próximos seis años el número de estos negocios crecerá en un 55% hasta alcanzar los 3.2 millones, y sus ingresos aumentarán en un 70% hasta sobrepasar los 465,000 millones de dólares. California y Florida son los estados en los que se ubican el 52% de estos negocios.

Por tratarse de un año electoral, Michael Barrera, presidente y director ejecutivo de la Cámara de Comercio Hispana de Estados Unidos (USHCC), recuerda que el futuro inmediato de los empresarios hispanos va a depender también de en qué medida se atiendan sus necesidades por parte de los candidatos presidenciales.

"Se trata del segmento de negocios de mayor crecimiento de nuestra economía, y va a tener muy en cuenta los planes de los candidatos para los pequeños negocios", advierte Barrera, señalando que hasta ahora los pequeños negocios son los grandes ignorados dentro de la agenda política de los diferentes candidatos.

Entre los retos económicos inminentes que afectarán a los negocios hispanos, Caswell cita las condiciones más restrictivas de crédito.

"Incluso antes de la reciente sacudida en la industria de préstamos, uno de los grandes problemas de los empresarios hispanos era encontrar financiamiento a un costo razonable", dice Caswell, enfatizando que iniciar el negocio con menos fondos de los necesarios es una de las razones principales que provoca el cierre de muchas pequeñas empresas hispanas.

Sin embargo, Rey de Perea indica que lo que él denomina un clima de "pre-recesión" podría también tener algún efecto secundario positivo para los negocios hispanos. El economista razona que, dado que se espera un año de pesimismo — dentro de lo que en lenguaje bursátil se denomina bear market— la estrategia de los inversionistas será muy conservadora respecto a los mercados tradicionales de valores.

"En este entorno, las firmas propiedad de hispanos generan otras opciones para estos inversionistas", dice Rey de Perea.

Los hispanos no sólo son la primera minoría en Estados Unidos sino que también son los número 1 en la creación de empresas, dijo ayer la Oficina del Censo. Sin embargo, la gran mayoría de los negocios que crean no generan empleo con trabajadores en planilla.

En cuanto al origen de los empresarios, los mexicanos son más: poseen hasta el 44% de todos los negocios en la nación.

En su "Estudio de propietarios de empresas 2002: Los negocios hispanos", la Oficina del Censo dice que el número de firmas creadas por hispanos creció un 31% entre 1997 y 2002, tres veces más que el promedio nacional de todo el sector empresarial de EE.UU. Los casi

Los hispanos eran dueños de casi un 7% de las empresas no agrícolas en EE.UU. en 2002. Mientras el 13% de las firmas hispanas (unas 200,000 empresas) empleaba a más de un millón y medio de personas, la gran mayoría (casi 1.4 millones de compañías) no tenía empleados.

El estudio dice que en el contexto global, de cada cuatro empresas que crean los hispanos sólo una tiene empleados en planilla. El estudio define una empresa como hispana cuando los hispanos poseen el 51% o más de las acciones o valores de la empresa.

En el 2002, casi 3 de cada 10 empresas hispana operaban en la construcción y otros servicios, como los de personal, reparación y mantenimiento. Las empresas de ventas al por menor (tipo bodegas) y por mayor (tiendas comerciales) representaron el 36% de los ingresos de todo el espectro empresarial hispano. Hubo 29,184 firmas hispanas con ingresos de 1 millón de dólares o más al año. Hubo 1,510 firmas hispanas con 100 empleados o más, generando más de 42,000 millones de dólares en ingreso bruto.

Los estados con más firmas hispanas ante 1997 y 2002 fueron Nueva York (57%), Rhode Island y Georgia (56% cada uno), Nevada y Carolina del Sur (48%).

Desarrollando Un Negocio

Comenzar un negocio es como pasar por un laberinto. Usted tendrá muchas opciones y deberá tomar muchas decisiones. Lo mas frustrante es que nunca se sabe por cierto si ha escogido la mejor ruta hasta después de haber invertido mucho tiempo, energías y dinero experimentando con diferentes alternativas.

Obviamente, cada negocio y cada empresario es único por si. La venta por menor o por mayor, el comienzo de una empresa de fabricación o de rendimiento de servicios requiere diferentes habilidades. Sin embargo, las medidas necesarias para comenzar toda nueva empresa son sorprendentemente similares.

Nuestra primera sugerencia es que nuevamente piense bien sobre la idea general de su negocio. Aunque este consejo le parezca drástico, nuestro objetivo esta en ayudarle a convertirse en su mejor critico. Su idea puede ser brillante, pero si no hay demanda por el producto o servicio, o si cuesta demasiado, su negocio nunca tendrá éxito. No olvide que más de dos tercios de nuevas empresas quiebran dentro de los primeros cuatro años de su existencia.

Por segundo, Usted debiera considerar la compra de un negocio ya establecido en vez de iniciar uno nuevo. Hay varias ventajas con esta alternativa: los clientes ya establecidos, un negocio ya en operación, y cierto nivel de ingresos. No obstante, tenga cuidado de individuos que están ansiosos por vender sus negocios. No olvide que cifras de ventas o lucro pueden ser manipuladas fácilmente.

Tome precaución en particular con las "buenas ofertas" que requieren sólo un pequeño deposito. Asegúrese de que su contador y su abogado estudien bien el contrato antes de que Usted lo firme.

Y en tercer lugar, antes de abrir un negocio, trate de trabajar para alguien que ya tenga ese tipo de negocio. Esto le dará una oportunidad para ver como funciona el negocio, para aprender cómo mejorarlo a base de los errores que tenga, y planificar cómo hacer mejorías.

Además de la idea misma, hay muchas consideraciones prácticas que Usted debe considerar. ¿Tiene suficiente tiempo? ¿Como afectara la tensión de iniciar un nuevo negocio su vida personal? ¿Podrá resistir la inseguridad financiera de no saber cuanto dinero traerá a casa por semana? Y mas importante aún, ¿puede Usted conseguir el capital que necesita para abrir su negocio, considerando en especial la cantidad de gastos inesperados que enfrentara?

También es de lo más esencial que considere con cuidado si Usted posee las cualidades necesarias para salir adelante. Aunque puede que tenga conocimiento y experiencia en su producto particular o servicio, tendrá que saber de mercadeo, de como fijar precios, de publicidad, de compras, y de distribución. Tendrá que negociar un acuerdo de alquiler, maquinaria, inventarios, y servicios. Y además, necesitara saber como manejar fondos, finanzas, entender

de leyes, impuestos y seguros. En resumen, tendrá que convertirse en un experto de negocios.

Como la mayor parte de negocios que, quiebran en los primeros años de sus operaciones, es crítico tener un plan bien concebido. Desafortunadamente, la mayor parte de propietarios de negocios deben tomar decisiones importantes (tal como la selección de un local, o la compra de equipos e inventarios) al principio, cuando tiene menos información y experiencia para tomar estas decisiones. Frecuentemente, esto suele a comprometer al negociante con malas decisiones. ¿Cómo puede evitar este dilema?

Un "plan de negocios" le puede resumir el tipo de negocio que espera tener, quienes serán sus clientes, cómo y quien administrara el negocio, y cuanto le costara el abrir y manejar la empresa. Efectivamente, se puede decir que planificar es el secreto de cómo tener éxito en los negocios.

La parte mas difícil de escribir su plan de negocios es la de convertir sus estimados en números verdaderos - es decir, tomar los cálculos brutos del volumen de ventas y gastos que tiene en su mente y cambiarlos a números mas exactos en una hoja de papel. Por ejemplo, si usted fuera el propietario de una tienda de helados, necesitará saber todos los costos (de helado, galletas, papeles para envolver, de imprenta, de anuncios, manual laboral, el costo fijo, etc.) antes de establecer su negocio.

La preparación del plan y el comienzo de su negocio le llevara mas tiempo de lo que cree. Como aún va a necesitar dinero para sus gastos diarios, quédese en su empleo actual por cuanto tiempo pueda. Si va a establecer su negocio con un socio, uno de ustedes deberá mantenerse empleado con sueldo y trabajar después de su horario en su negocio hasta que éste se establezca. Al tener otra fuente de ingresos les librara de mucha presión presente durante esos primeros días de establecimiento.

Aún después de haber escrito un plan de negocios y haber calculado cuanto dinero puede ingresar, Usted podría decidir que corre menos riesgo y es más fructífero de quedarse con su empleo actual. Esta decisión le puede ahorrar mucho dinero y frustración. Siempre puede crear otra oportunidad y comenzar su negocio más adelante.

Cuando comience su negocio, debe seleccionar con cuidado un abogado, un contador y un agente de seguros. Escoja a personas que tengan experiencia trabajando con pequeñas empresas y experiencia con su tipo de negocio. Estas personas deben estar disponibles cuando usted las necesite para responder a sus preguntas con rapidez. Además de encargarse de asuntos técnicos, los consejeros profesionales podrán ayudarlo con la planificación de su negocio, y así, a lo largo, le ahorraran dinero.

También debe buscar un banco comercial que sea amistoso y tenga una reputación de hacer préstamos a pequeños negocios. Además de proveerle buenos servicios financieros, un banquero puede darle consejos sobre como debiera manejar su negocio para rendirle mas beneficios. Más importante aún, el simple hecho de tener una buena relación con su banquero le puede hacer más fácil conseguir un préstamo en el futuro.

Un abogado lo puede ayudar a:
¿Decidir que tipo de estructura legal debe tener su empresa? Negociar con el propietario del local y fuentes de financiamiento, Revisar contratos y conseguir permisos legales. Redactar una póliza para aplicar al personal que se emplee, Resolver conflictos que puedan surgir mientras el negocio esté en marcha.

20

Un contador lo puede ayudar a:
Revisar sus costos de inicio, Preparar y analizar reportes de ingresos y gastos, Preparar solicitudes de crédito y a encontrar fuentes de financiamiento , Como establecer un sistema de contabilidad y otros, Preparar sus declaraciones de impuestos para el personal y la empresa Planear futuros ahorros de impuesto .

Un agente de seguros lo ayudara a: Determinar el tipo de póliza que le conviene.

Un **banquero** puede proveerle información sobre:
Como hacer que su empresa le rinda más dinero Condiciones económicas en general, tendencias en su industria y región. Como usted puede extenderle crédito a sus cliente, otros recursos financieros.

Hay una cantidad disponible de servicios de consulta y cursos en administración de empresas en el estado de Rhode Island. Tales como Centros para el Desarrollo de Pequeños Negocios el cual ayuda a guiar y ayudar a los negocios de Rhode Island a alcanzar sus objetivos, ya sea para incrementar su volumen de negocio ó para mejorar su rentabilidad.

150 preguntas que su plan de negocio debe responder

Cuando se planifica un negocio es buena idea responder a las preguntas que surgiran en relacion al negocio que tenga en mente, al igual que las preguntas que un inversionista o institución financiera le van a hacer cuando usted le presente su plan. Aquí presentamos nuestro aporte para su preparación...

La Oportunidad

Análisis del Mercado

1. ¿Quiénes son los consumidores de su producto o servicio?
2. ¿Cómo se identifican y cuántos son?
3. ¿Qué tan fácil es llegar a ellos?
4. ¿Qué tan dispuestos están para comprar y con qué frecuencia?
5. ¿Cómo sabe que la oferta es valiosa para los consumidores?
6. ¿Cuáles son los beneficios que influyen en el consumidor para que adquiera este producto o servicio?
7. ¿Existen varios grupos de consumidores?
8. ¿Son todos los grupos posibles objetivos de su negocio?
9. ¿Por qué es realista (o no) apuntar a cubrir todos los grupos de consumidores?
10. Si su producto o servicio reemplaza a otro, ¿cuál es la rata de conversión estimada?
11. ¿Se necesita educar a los consumidores para que comprendan las posibles ventajas y aprendan el uso de su producto?
12. ¿Hasta que punto la oportunidad depende de cambios en las creencias y actitudes del consumidor?
13. ¿Qué cambios debe haber en los gustos y preferencias del consumidor?
14. ¿Cuánta información y de qué clase ha podido recolectar sobre el mercado?
15. ¿Son confiables las fuentes de información?
16. ¿Proporcionan suficiente análisis del estado actual y futuro potencial del mercado objetivo?
17. ¿Existe alguna investigación con respecto a su producto o servicio?
18. Si es así, ¿se basa en una muestra representativa de los consumidores potenciales?
19. Si no es así, ¿cómo puede respaldar que existe una oportunidad?
20. ¿En qué fase del ciclo de vida del producto se encuentra el mercado objetivo? (Introducción, crecimiento, madurez, declive)

Análisis de la competencia

21. ¿Es el primero en entrar al mercado con este producto o servicio?
22. ¿Es esto una ventaja?

23. ¿Cuáles son los competidores directos e indirectos?
24. ¿Cuál es la participación en el mercado?
25. ¿Qué hace que los competidores sean agresivos o moderados?
26. ¿Cuál es su ventaja competitiva?
27. ¿Qué tan exitosas han sido las estrategias de los competidores?
28. ¿Qué tan grande es la barrera de entrada que representan los competidores?
29. ¿Cuál es la percepción de los consumidores con respecto a los productos y servicios ofrecidos por los competidores?
30. ¿Qué ideas innovadoras han implementado los competidores y con qué resultados?
31. ¿Hay cabida en el mercado para otra oferta?
32. ¿Cuál será la reacción de los competidores?
33. ¿Está creciendo el mercado tan rápidamente que los competidores apenas notarán al nuevo participante?
34. ¿Cuáles son los canales de distribución? (Productor – mayorista – minorista – consumidor)

Propiedad intelectual
35. ¿La propiedad intelectual se ha desarrollado internamente o se ha licenciado de terceros?
36. Si es licenciada, ¿posee la exclusividad?
37. ¿Cuál es el costo de la licencia y su duración?
38. ¿Se caracteriza esta industria por la protección de los secretos mediante patentes?
39. ¿Está protegida la propiedad intelectual de su producto o servicio en otros países?

El equipo de trabajo
Fundadores
40. ¿Cuál es la trayectoria de los fundadores?
41. ¿Han trabajado en industrias relacionadas?
42. ¿Tienen experiencia emprendedora?
43. ¿Cuál es su motivación para iniciar este negocio?

Equipo

44. ¿Cómo se logrará el compromiso de las personas claves del negocio para que se vinculen como empleados?
45. ¿Los miembros potenciales del equipo tienen trayectorias que inspiran confianza?
46. ¿Poseen la experiencia y las habilidades necesarias para las funciones que se requieren?
47. ¿Se han convocado suficientes personas en este momento?

Estructura legal y propiedad

48. ¿Cómo se ha estructurado la propiedad del negocio y por qué? (Unipersonal, sociedad limitada, sociedad anónima).
49. ¿Cómo está distribuido el capital de la compañía? (Tipos de acciones y valor inicial)
50. ¿Cuál es el porcentaje de propiedad que comprará el capital nuevo?
51. Si se requiere inversión adicional, ¿hasta qué porcentaje de propiedad están dispuestos a ceder los fundadores?
52. ¿Existen acuerdos especiales de opciones sobre las acciones por parte de los fundadores?

Miembros del Consejo de Dirección y Asesores

53. ¿Cómo está compuesto el Consejo de Dirección hasta el momento?
54. ¿Cómo se escogieron los miembros?
55. ¿Cuál es su experiencia y qué aportan?
56. ¿Cuál es su forma de compensación y su participación?
57. ¿Qué asesores estratégicos se han considerado?
58. ¿Cuál es su forma de compensación?

El producto o servicio

Descripción

59. ¿De qué se trata?
60. ¿Cuál fue la inspiración para crearlo?
61. ¿Se trata de una tecnología de ruptura o de desarrollo incremental?
62. Si es incremental, ¿está el mercado objetivo en la etapa de crecimiento o de madurez?
63. ¿Existe más de una versión o modelo para diferentes mercados objetivos?

64. ¿Cuáles son las características y los beneficios del producto o servicio?
65. ¿Qué tipo de empaque requiere?
66. ¿Cómo funciona?
67. ¿Cómo se entrega al cliente?
68. ¿Se puede ofrecer o producir en todas las épocas del año?
69. ¿Cómo se produce?
70. ¿Qué normas técnicas involucran su producción?
71. ¿En dónde se produce?
72. ¿Existen consideraciones de propiedad intelectual en los países en donde se va a vender?
73. ¿Existen restricciones legales en algún país?
74. ¿Existen restricciones comerciales para importar o exportar el producto?
75. ¿Existen consideraciones de origen en los mercados objetivo?
76. ¿Cuál es el posicionamiento frente a los competidores?
77. ¿Cómo es la estructura de precios?
78. ¿Qué estrategia de precios se adoptará? (Margen sobre el costo, nivelado por el mercado, mayor o menor que la competencia)

Estado de desarrollo

- 79. ¿Cuándo se dio el paso de la idea al prototipo?
- 80. ¿Está aún en concepto o ya hay un prototipo o versión Beta?
- 81. ¿Qué recursos (humanos, financieros, tiempo) se requieren para entregar una versión profesional?
- 82. ¿Se dispone de estos recursos?
- 83. ¿Cuánto tiempo falta?
- 84. ¿Estuvieron involucrados los consumidores en el desarrollo del producto?
- 85. ¿Cómo afectó la interacción con los consumidores en el diseño?
- 86. ¿Se han identificado los proveedores? (Materias primas, insumos, partes)
- 87. ¿Se puede entregar parte de la producción en outsourcing?

Plan de mercadeo

Mercado objetivo

88. ¿Cuáles son las características de los consumidores? (Edad, género, ingresos, educación, profesión, residencia)

89. ¿Quién compra? ¿Quién usa? ¿Quién decide?

90. Si el mercado es empresarial (B2B), ¿cuáles son las características de las empresas clientes? (Industria, tamaño, ingresos, procesos de decisión, registro de proveedores, compras históricas)

91. ¿Existe algún indicador del valor agregado por el uso del producto o servicio?

(Ahorro de dinero o tiempo, reducción de personal, etc.)

Promoción

92. ¿Qué medios publicitarios se escogerán? (Televisión, radio, prensa, Web, voz a voz, etc.)

93. ¿Son estos los medios usuales en la industria?

94. ¿Se logrará que el mensaje llegue a los destinatarios deseados?

95. ¿Qué tipos de materiales de mercadeo se escogerán? (Folletos, afiches, autoadhesivos, objetos, regalos, etc.)

96. ¿Cómo se logrará que estos materiales generen ventas o construyan lealtad?

97. ¿Cuáles son los costos?

98. ¿Qué porcentaje de los ingresos se dedicará a la promoción?

Proyección financiera

Estado de pérdidas y ganancias

99. ¿La proyección de ventas está de acuerdo con el análisis del mercado?

100. ¿Es factible obtener estas ventas con la estructura propuesta?

101. ¿Se están presentando al menos tres escenarios (mejor caso, probable, peor caso) con una estimación de la probabilidad de cada uno?

102. ¿Se presentan claramente los costos de fabricación? (Directos, materia prima, mano de obra)

103. ¿Está determinado el margen bruto del producto?

104. ¿Se han considerado todos los gastos? (Fabricación, mantenimiento, administración, mercadeo, seguros, depreciación, intereses, impuestos)

105. ¿Los márgenes previstos son aceptables?

106. ¿La proyección de utilidades está relacionada con los criterios de inversión? (Proporción de endeudamiento y aportes de capital)

107. ¿Son razonables los costos de instalación y su amortización? (Terrenos, construcciones, maquinaria, vehículos, I&D, estudios de factibilidad, gastos de constitución, licencias, patentes, seguros)

108. ¿Se han considerado previsiones para contingencias? (Demoras, incumplimientos, riesgos cambiarios)

109. ¿Cuándo se presenta el punto de equilibrio?

110. ¿Se presenta una remuneración aceptable para los propietarios?

Flujo de efectivo

111. ¿Puede la empresa sostenerse a sí misma?

112. ¿Hay problemas de fluctuaciones estacionales?

113. Si es relevante, puede la empresa generar suficientes ingresos para pagar un préstamo? (Intereses y capital)

114. ¿Cuáles son las fuentes de financiación?

115. ¿Los fundadores contribuyen con capital?

116. ¿El negocio depende enteramente de financiación externa?

117. ¿Se puede iniciar a una escala menor? (Menor costo de instalación y de operación)

118. ¿Está clara la relación entre las inversiones adicionales y el crecimiento?

119. ¿Cómo se distribuirá la financiación obtenida?

120. ¿Cuál es el retorno de la inversión (ROI)? (Basado en el valor presente neto del flujo de fondos)

Presentación del Plan de Negocios

Portada

121. ¿Es simple, elegante y sin adornos innecesarios?

122. ¿Si se trata de un borrador, está identificado así?

123. ¿Existe una nota de confidencialidad y privacidad?

124. ¿Se estipula que la distribución requiere un permiso previo?

125. ¿Tiene una fecha y un número de versión?

Resumen ejecutivo

126. ¿Ocupa una página?

127. ¿Contiene un resumen de los aspectos críticos del plan?

128. ¿Inspira a continuar la lectura a alguien que conoce la industria y a quien no?

129. ¿Establece los requerimientos de financiación?

130. ¿Determina la proporción del origen de dicha financiación? (Deuda / Capital)

131. ¿Establece la propiedad que se adquiere de acuerdo con el aporte?

132. ¿Es limpio, simple, enfocado y en forma de puntos claves?

Contenido

133. ¿Cuántos títulos y subtítulos?

134. ¿Se justifica la extensión del documento? (<20 páginas)

135. ¿Hay un logotipo de la compañía en cada página?

136. ¿Están las páginas numeradas de acuerdo con la tabla de contenido?

137. ¿Hay suficiente espacio en blanco a lo largo del documento?

138. ¿Está "condimentado" con ilustraciones o fotografías pertinentes y con gráficas que explican visualmente los temas, especialmente los financieros?

139. ¿Cada gráfica está identificada y numerada de manera que el texto se puede referir a ella en forma inconfundible?

140. ¿El lenguaje es claro y correcto?

141. ¿No hay errores de ortografía?

142. ¿Es persuasivo y efectivo?

Apéndices

143. ¿Se presentan los datos técnicos en apéndices?

144. ¿Se presenta un cronograma de actividades y fechas?

145. ¿Las tablas y proyecciones son legibles y vienen acompañadas de explicaciones detalladas?

146. ¿Si se presentan varios escenarios, se tiene una descripción de los cambios que hay en cada uno de ellos?

147. ¿Están claramente establecidos los supuestos utilizados en cada proyección?

148. ¿Se pueden leer las hojas de cálculo como si fueran una "historia" continua? (De izquierda a derecha, de arriba abajo)

149. ¿Se ofrece la posibilidad de consultar la información en un medio digital?

Y la última pregunta...

150 ¿Refleja este plan la pasión del emprendedor que está detrás del negocio?

El Plan De Negocio

Todo proyecto valioso requiere planificación. La planeación y el desarrollo del plan de negocios le ayudarán a diseñar un plan de acción para su nuevo negocio. Si no sabe lo que está haciendo, acabará en el camino errado.

El plan de negocio es un documento escrito que define con claridad los objetivos de un negocio y describe los métodos que se van a emplear para alcanzar los objetivos. Sirve como el mapa con el que se guía su compañía.

El desarrollo de un plan de negocio consiste en un análisis sobre los diferentes factores que intervienen en la puesta en marcha de un proyecto, ya sea la creación de una nueva empresa o bien de un nuevo negocio promovido por una empresa ya existente.

El plan de negocio tiene en sí mismo una doble finalidad. En primer lugar, es un instrumento de análisis para los propios promotores del proyecto. En Segundo lugar, es una excelente carta de presentación que permite establecer contactos con terceros, tanto para la búsqueda de nuevos socios, de soporte financiero como para establecer contactos con potenciales proveedores y clientes, etc.

Teniendo en cuenta que las personas a las que se destina un plan pueden disponer de poco tiempo para analizarlo, es aconsejable que la presentación esté muy bien estructurada y se describa de una manera clara y concisa.

A continuación, facilitamos un guión que puede ser utilizado como modelo para elaborar el plan de negocio. En él se ha procurado recoger los factores más relevantes para el análisis de un proyecto. Un negocio. Un buen plan de negocios debe abarcar las siguientes áreas:

Resumen Ejecutivo
- Describe en detalle el negocio y sus objetivos.
- Identifica a los propietarios del negocio y la estructura legal.
- Discute las habilidades y experiencia que usted y sus socios traen al negocio.

- Identifica las ventajas que usted y su negocio tienen sobre la competencia.

Descripción del negocio

En esta sección de su plan de negocio deberá proporcionar una descripción detallada del mismo. Para describir su negocio, es excelente hacerse la pregunta siguiente: "¿En qué negocio estoy yo?" Describa sus productos, servicios y mercado. Asegúrese de incluir una descripción completa de lo que distingue a su negocio de otros.

La descripción del negocio debería identificar en forma clara las metas y objetivos. Deberá explicar por qué usted tiene o va a tener este negocio.

Productos y servicios

En esta sección de su plan de negocio describa lo que desea vender, lo que hace, por qué beneficiará al cliente y lo que lo hace especial o único.

Trate de describir los beneficios de sus productos y servicios desde la perspectiva del cliente. Los empresarios que tienen éxito entienden las necesidades y expectativas de los clientes.
Entender al cliente es lo más importante para ganarse la satisfacción del cliente y para obtener ganancias.

Ventas y mercadeo

Una de las claves para tener buenas ventas es conocer a sus clientes, lo que les gusta, disgusta, sus necesidades y expectativas. Cuando se identifican estos factores, se puede desarrollar una estrategia de ventas que le permitirá entender y satisfacer sus necesidades.

Conozca a su competencia. Considere sus estrategias de ventas y precios. Si usted llega a entender por qué su competencia tiene éxito, entonces estará en una mejor situación para competir con ellos.

Planifique su estrategia de precios. Antes que nada, establezca una política, ya sean con precios más caros o más baratos que su competencia. Luego, usted podrá controlar los precios y costos y hacer los ajustes necesarios para garantizar una ganancia.

Requisitos de operación

En esta sección de su plan de negocios explique la forma en que se maneja la empresa día a día. Hable sobre las políticas de contratación y de personal. Hable sobre el seguro, acuerdos de alquiler o renta, requisitos legales que debe cumplir, y otros requisitos operativos para hacer funcionar la empresa.

Tome en cuenta todo el equipo necesario para fabricar el producto o brindar el servicio. Describa el proceso de producción y entrega de los productos y / o servicios.

Administración financiera

Una de las mejores formas de que el negocio se mantenga solvente y lucrativo es con una administración financiera sólida.

Para administrar sus finanzas en forma efectiva, escriba un presupuesto sólido y realista determinando la cantidad de dinero real que va a necesitar para abrir el negocio (costos iniciales) y la cantidad necesaria para mantenerlo abierto (costos de operación). En esta sección de su plan de negocios deberá preparar una proyección de ventas, de flujo de efectivo, declaración de ingresos, análisis de punto de equilibrio y una hoja de balance.

A menos que conozca perfectamente cómo hacer un estado financiero, pida ayuda para escribir los informes de ingresos y flujos de efectivo y para preparar la hoja de balance. Su objetivo es entender las herramientas financieras lo suficiente que pueda sacarles provecho. Su contador puede ayudarle a alcanzar esta meta.

Perfil del personal administrativo

El capital más importante de su negocio es su gente.

Es importante identificar las habilidades que usted necesita así como las que ya tiene, ya que deberá contratar a personas que posean las que usted no tiene.

Esta sección de su plan de negocios identifica a los dueños y a los empleados clave. Explica las habilidades y experiencia que aportaran al negocio.

Requisitos Legales

Los pequeños negocios tienen que cumplir con las leyes y regulaciones federales, estatales y locales. Usted debe conocer los requisitos legales que afectan a su negocio. Asegúrese de confirmar con el departamento estatal de trabajo y el gobierno del Ciudad.

También es aconsejable que consulte con un abogado para que lo ayude con cualquier requisito adicional.

Requisitos de Inscripción y Contabilidad

Es muy probable que necesite un certificado de trabajo o licencia emitida por el estado (es probable que necesite también inscribir su nombre con el estado).

- Número de impuesto sobre las ventas, y
- Cuenta de banco comercial separada.
- Si su negocio tiene empleados, usted es responsable de -
- Retener impuestos sobre el ingreso y para la seguridad social, y
- Cumplir con las leyes que cubren la salud, la seguridad y el salario mínimo de sus empleados.

Un plan de negocio define precisamente su negocio, identifica sus metas y sirve como el currículo de su empresa. Sus componentes básicos incluyen una hoja de activos, pasivos y deudas actuales; una declaración de ingresos; y un análisis del flujo de dinero en efectivo.

Ver ejemplos de plan de negocios en paginas 161

Estructura Legal

La selección de la mejor estructura legal para su negocio le rendirá ventajas de inmediato y a largo plazo también. Una sociedad anónima (o corporación) limita su responsabilidad legal pero no le permite deducir sus pérdidas en su declaración personal de impuestos. La estructura de un negocio como propietario único o en sociedad GENERAL le permite deducir sus pérdidas pero no le limita su responsabilidad legal.

Una "sociedad anónima de clase S " le da tanto la protección legal de una sociedad anónima común y corriente, como los beneficios de poder deducir sus pérdidas en su declaración personal de impuestos. Pero, debe solicitar al Internal Revenue Service (IRS) y cumplir ciertos requisitos.

Una Compañía de responsabilidad limitada (Sociedad limitada, S. L. ó Ltd.) es una entidad de negocio de tipo bastante nuevo que proporciona las ventajas fiscales de una sociedad GENERAL y la responsabilidad limitada más la flexibilidad de gerencia de una corporación sin las limitaciones que actualmente se le aplica a esta sociedad anónima de clase S.

Le sugerimos mucho que consulte con un abogado y un contador sobre estos asuntos.

Porque son muy complejos. Usted debe contestar las siguientes preguntas:

¿Cuánto dinero esta poniendo y cuánto tiempo está dedicando cada persona?
¿Quién tomará las dediciones y que va a pasar cuando haya desacuerdos?

¿Qué pasará cuando quieran dividir entre sí el negocio?

¿Cuánta responsabilidad legal está dispuesta a tomar cada uno por las deudas de la empresa?

¿Cómo se pueden usar sus ganancias y pérdidas comerciales al preparar sus declamaciones de rentas?

Esta sección describe brevemente las diferentes estructuras legales del estado de Rhode Island para los negocios pequeños, los documentos que requieren, y algunas de las ventajas y desventajas de cada una.

En el estado de Rhode Island hay varias formas de organizar negocios, cada una de ellas tiene sus ventajas y desventajas las cuales van de acuerdo con las metas del negocio. Antes de seleccionar una forma de organización, los siguientes aspectos deberán ser revisados por un abogado o un contador:

Costo y complejidad para formar el negocio.

Implicaciones legales de impuestos y valores de seguridad en cada formulario.

Necesidad de conseguir un capital adicional.

Responsabilidad del inversionista en los créditos y los impuestos.

Las metas y el propósito de la empresa.

Propietario Único
(Sole Propietorship)

Esto significa que el negocio tiene un solo dueño o dueña quien a la vez se encarga de todas las funciones operativas.

Las ventajas (advantages) son:
- Facilidad para formar un negocio o empresa en relación con el control y restricciones gubernamentales.
- Las ganancias son propiedad de una sola persona.
- Las decisiones las toma una sola persona.

Las posibles desventajas (disadvantages) son:
- La responsabilidad ilimitada en cualquier evento.
- Puede haber menos experiencia y puntos de vistas limitados.
- Puede haber menos acceso al capital y más dificultades en obtener financiamiento a largo

- plazo (long-term financing)

Esta forma de organización del negocio también ofrece menos protección con respecto a la responsabilidad personal, (sí el dueño de la compañía está debiendo más de lo que tiene en efectivo y en propiedades; se verá obligado a vender sus bienes personales -- casa, automóvil, etc. -- para pagar las deudas).

Registro De Un Negocio
(Registering a Business)

Propietario Único O Sociedad General

Registrándose como Propietario Único O Sociedad General. Cuando el nombre del negocio es diferente al nombre legal del dueño o dueños, la Ley del Nombre Ficticio de Rhode Island, requiere que los propietarios únicos o la sociedad general se registre a través de la Oficina de la ciudad (Office of the City Clerk) en la ciudad donde establecerá su negocio.
Por ejemplo: "Juan Jose" no necesita registrarse, pero "Juan Jose Tintorería" si tiene que ser registrado. "Agencia de Avila Williams y Maria

Avila" no necesita registrarse, pero "Williams y Avila" o "Agencia de Viajes Avila & Brown" requiere que se registre.

En cada Ciudad donde el negocio este localizado, se presentará un certificado con el nombre del negocio, el nombre o nombres legales de los dueños y sus direcciones, donde se especifica la clase de negocio y su ubicación para ser registrados en la oficina del Ciudad. El Aviso del registro deberá ser publicado una vez por semana durante tres semanas

consecutivas en un periódico de circulación general dentro del Ciudad donde fue registrado. También, cualquier cambio o adición de nombres y/o direcciones deberá ser reportado inmediatamente al secretario del Ciudad (County Clerk).

Sociedad General
(General Partnership)

Una sociedad general se define como dos o más individuos asociados como co-propietarios de un negocio.

Hay dos clases de asociaciones, general y limitada. Antes de comenzar el negocio, los socios deberán estar de acuerdo en cuanto al número de acciones que cada uno aportará, el tiempo que dedicará cada socio trabajando en la compañía y la forma de distribuir las ganancias o pérdidas entre cada uno de ellos.

Este acuerdo deberá ser legal y detalladamente preparado por escrito por un abogado, para evitar malos entendidos en el futuro. Así mismo como en el caso del propietario único, una sociedad general expone a sus dueños a una responsabilidad personal.

Si el negocio no tiene éxito y la sociedad no puede pagar lo que debe, los socios pueden ser obligados a pagar con sus bienes personales.

Registro De Una Sociedad Con Responsabilidad Limitada
(Registered Limited Liability Partnership)

Mientras los socios estén registrados como una Sociedad con Responsabilidad Limitada (Registered Limited Liability Partnership) bajo una sección especifica del Acta de Asociación General, ellos no serán responsables de las deudas, obligaciones o cobros al surgir actos ilegales por descuidos, mala conducta o negligencia.

Compañía De Sociedad Limitada
(LIMITED PARTNERSHIP)

Una Sociedad Limitada es una organización formada por un SOCIO GENERAL el cual administra un proyecto, y socios limitados quienes invierten capital pero que tienen responsabilidad limitada, no están involucrados en el manejo diario y generalmente no pueden perder más que el capital que han invertido.

Generalmente, los socios limitados reciben ingresos, ganancias del capital y beneficios en los impuestos; el socio general colecta honorarios y un porcentaje sobre las ganancias de capital e ingresos. La Sociedad Limitada se aplica generalmente en empresas de bienes raíces (real estate), de petróleo y gas, alquiler de equipo y maquinaria y en sociedades familiares; pero también pueden financiar películas, desarrollo e investigación y otros proyectos. Generalmente, las sociedades limitadas públicas son vendidas a través de una empresa de inversión (brokerage) con una inversión mínima de $5.000,00; mientras que las sociedades limitadas privadas por el contrario se realizan con un mínimo de 35 socios limitados quienes invierten más de $20.000,00 dólares cada uno. Esta sección tiene una oficina en Chicago encargada de llevar el archivo que emite los certificados existentes y los abstractos archivados en la computadora.

Compañías o Sociedades Con Responsabilidad Limitada
(Limited Liability Company)

Una Compañía o Sociedad con Responsabilidad Limitada (Limited Liability Company LLC) es la forma no-corporativa de hacer un negocio que proporciona a sus dueños con una responsabilidad limitada. La LLC es apropiada para cualquier tipo de empresa comercial excepto bancos y compañías de seguros, en los cuales están prohibidos por estatuto. Ejemplos de negocios aceptables son: agricultura, servicios agrícolas, minería, construcción, fabricación, transporte, comercio al por mayor y al detal, (wholesale and retail trade) compañías de inversiones, agentes de seguros, agentes de bienes raíces, (real estate broker) todo tipo de operación de empresas inmobiliarias, hoteles, servicios personales y de negocios, servicios y venta de automóviles, juegos de entretenimiento y recreación, servicios de salud, contabilidad, arquitectura y otras profesiones, esto mencionando solamente unos pocos. Muchos comerciantes de Rhode Island pueden obtener protección con responsabilidad limitada personal, reestructurándose como una LCC con mínimo de un solo propietario.

Corporación
(Corporation)
Una corporación es una entidad legal distinta, y es la forma más compleja de organización. Una corporación puede vender acciones (stocks) que son certificados que indican propiedad, a tantas personas como se desee.

Los accionistas eligen después una junta directiva, que elige a su vez un presidente y los delegados, quienes administrarán día a día la compañía. Entre las ventajas (advantages) que existen en la formación de una corporación está la responsabilidad limitada del accionista y la facilidad de transferir el derecho de propiedad (ownership) Registrándose como una Corporación.

Si se toma la decisión de formar una corporación, los Artículos de dicha Corporación deberán ser archivados con la Secretaría del Estado indicando claramente el propósito de la
empresa. La corporación deberá archivar anualmente los reportes con la Secretaría del Estado.

Siempre que el negocio sea una corporación, la palabra **corporación** deberá ser parte del nombre. Si el nombre del negocio incluye la palabra "Corporación" (Corp.) o "Incorporado" (Inc.) el negocio deberá estar constituido como corporación.

La información de cómo incorporar un negocio y cómo registrarla, se puede obtener telefónicamente, por escrito o directamente a través de las oficinas ubicadas en Springfield y Chicago. También hay folletos disponibles de cómo organizar corporaciones domésticas (headquartered in Rhode Island) o corporaciones fuera del estado o en el extranjero (headquartered out of state or out of country)

Corporación S
(S Corporation)

Si se elige la clasificación de la Corporación S cuando se está comenzando un negocio, se deberá hacer a través del Servicio Interno de Impuestos (Internal Revenue Service – IRS.)

En general, una Corporación S pasa directamente las ganancias a sus accionistas, quienes después lo reportan en sus propias declaraciones de impuestos.

Para calificar como Corporación S, la corporación deberá satisfacer varios requisitos, uno de ellos es el número limitado a un máximo de 75 accionistas. Todos los accionistas deberán estar de acuerdo con la opción de elegir la Corporación S.

Para más información con respecto a Corporación S, comuníquese con el Servicio Interno de Impuestos (Internal Revenue Service -IRS) al 1-800-829-1040, TDD: 1-800- 829-4059.

Está información es solamente para propósitos de información. Cualquier decisión que usted tome debe basarla en el consejo de profesionales, tales como contadores y abogados.

Estructura Legal Y Su Responsabilidad de Impuestos

Una de las primeras decisiones que tendrá que tomar como propietario de su empresa, es cómo deberá estructurarla. Esta decisión tendrá implicaciones a largo plazo, así que le recomendamos consultar con un contador y un abogado [corporativo] para que le ayuden a seleccionar el tipo de empresa idónea para usted. Para tomar una decisión, deberá tener en cuenta lo siguiente:

- Su visión del tamaño y naturaleza de su empresa.

- El nivel de control que desea tener.

- El nivel de "estructura" con el que está dispuesto a lidiar.

- La vulnerabilidad de la empresa a demandas legales.

- Las implicaciones fiscales (de impuestos) de las distintas formas de propiedad de la empresa.

- Las ganancias (o pérdidas) anticipadas de la empresa.

- Si necesitará o no volver a invertir sus ganancias en su empresa.

- La necesidad de que su negocio le pueda pagar un sueldo.

Propietario Único

La gran mayoría de empresas pequeñas se inician con un sólo propietario. Estas compañías están en manos de una sola persona, quien normalmente es responsable de las operaciones diarias para su funcionamiento. Los propietarios únicos poseen todos los valores de la empresa y las ganancias generadas por ésta. También asumen la responsabilidad total por cualquiera de los pasivos o deudas. A los ojos de la ley y del público, usted y su negocio son lo mismo.

Ventajas de ser propietario único

- Es la forma más sencilla y barata para poseer y organizar un negocio.

- Los propietarios únicos tienen el control total, dentro de los parámetros indicados por la ley, y pueden tomar las decisiones que más les convengan.

- Los propietarios de negocios poseen todos los ingresos generados por su negocio ya sea para ahorrarlos o para volverlos a invertir.

- Las ganancias del negocio fluyen directamente hacia la declaración de impuestos personales del propietario.

- Si así lo deseara, es muy fácil disolver o cerrar el negocio.

Desventajas como propietario único

- Los propietarios únicos son responsables de cubrir todos sus pasivos y tienen la obligación legal de pagar todas las deudas incurridas por su empresa. Pone en riesgo los valores tanto de la empresa *como* los personales.

- Puede verse en desventaja para reunir fondos y a menudo está limitado a utilizar sus ahorros personales o préstamos individuales.

- Puede tener problemas para contratar empleados capaces o motivados por la oportunidad de poseer parte del negocio.

- Algunas de las prestaciones para sus empleados, como las primas del seguro de gastos médicos no son **directamente** deducibles del ingreso de su empresa (sólo puede deducirlas parcialmente como un ajuste a su ingreso).

Formularios o planillas para la declaración de impuestos federales para los propietarios únicos

(Esta es sólo una lista parcial y algunas pueden no ser aplicables a su caso)

- Formulario 1040 Declaración Individual de Impuesto sobre la Renta

- Anexo C: Ganancias o Pérdidas del Negocio (o Anexo C-EZ)

- Anexo SE: Impuestos como Empleado Independiente

- Formulario 1040-ES: Impuestos Estimados para Individuos

- Formulario 4562 Depreciación y amortización

- Formulario 8829: Gastos por la utilización de su hogar como sede de su empresa

- Formularios o Planillas para el Pago de Impuestos como Empleado

Sociedad

En una sociedad, dos o más personas comparten la propiedad de un solo negocio o empresa. Al igual que los propietarios únicos, la ley no distingue entre la empresa y sus dueños. Los socios deben contar con un acuerdo legal que establece cómo se tomarán las decisiones, repartirán las ganancias, resolverán las disputas, admitirán o ingresarán nuevos socios, comprarán las acciones de un socio saliente, o qué pasos deberán seguirse para disolver la sociedad en caso necesario. Sí, es difícil pensar acerca de la "disolución" cuando apenas emprende una empresa, no obstante, muchas sociedades se separan en momentos difíciles y a menos de que se haya definido un proceso, surgirán aún más problemas. También deben decidir desde un principio, cuánto tiempo y capital invertirá cada uno de los socios, etc.

Ventajas de una sociedad

- Las sociedades son relativamente fáciles de establecer; sin embargo es necesario invertir tiempo en el establecimiento del contrato de la sociedad.

- Con más de un propietario, es posible incrementar la capacidad para reunir fondos o financiamiento.

- Las ganancias del negocio fluyen directamente a las declaraciones de impuestos personales de cada uno de los socios.

- A los presuntos empleados puede llamarles la atención trabajar para el negocio si se les ofrece el incentivo de convertirse en socios.

- La empresa generalmente se ve beneficiada por las capacidades complementarias de cada uno de los socios.

Desventajas de una sociedad

- Los socios son responsables tanto individual como colectivamente por las acciones de los otros socios.

- Las ganancias deben compartirse con los otros.

- Ya que se comparte la toma de decisiones, es probable que surjan desacuerdos.

- Algunos beneficios como empleados no son deducibles del ingreso de la empresa en las declaraciones.

- La sociedad tiene un límite de vida; puede darse por terminada debido al retiro o muerte de uno de los socios.

Tipos de sociedades que debe considerar:

1. Sociedad general

Los socios se dividen la responsabilidad para la administración y riesgo, además de compartir las ganancias o pérdidas de acuerdo con su contrato interno . Todos tendrán el mismo número de acciones, a menos de que exista un acuerdo por escrito que declare lo contrario.

2. Sociedad limitada y sociedad de responsabilidad limitada (LLP).

"Limitada"significa que la mayoría de los socios tienen un límite en su responsabilidad personal (en la medida de su inversión), así como en el aporte de decisiones gerenciales, lo cual motiva que los inversionistas participen en proyectos de corto plazo o a invertir en bienes de capital. Ya que el establecimiento de una sociedad de responsabilidad limitada es más complejo y formal que una sociedad general, las empresas de venta al menudeo o prestadoras de servicios prefieren no utilizar este modelo.

3. Empresa colectiva (Joint Venture)

Este tipo de empresa funciona como una sociedad general, pero su establecimiento y funcionamiento está limitado claramente a un período determinado o para un solo proyecto. Si los socios en una empresa colectiva vuelven a trabajar juntos en la misma actividad, entonces serán reconocidos como una sociedad en curso, con lo que tendrán que declararse como tal y al disolverla deberán distribuir los activos acumulados por la misma.

Formularios o planillas para la declaración de impuestos federales para las sociedades

(Esta es sólo una lista parcial y algunas pueden no ser aplicables a su caso)

- Formulario 1065: Declaración de Impuestos de una Sociedad o Compañía.

- Formulario 1065 K-1: Ingreso, Créditos y Deducciones Correspondientes al Socio.

- Formulario 4562: Depreciación.

- Formulario 1040: Declaración Individual del Impuesto sobre la Renta

- Anexo E: Ingresos y Pérdidas Adicionales.

- Anexo SE: Impuestos como Empleado Independiente.

- Formulario 1040-ES: Estimado del Impuesto para los Individuos.

- Formulación o planillas para el pago de impuestos como empleado .

Corporaciones

Una corporación, regida por las leyes del estado en el que ha establecido su oficina matriz, es considerada por la ley como una entidad única, separada y aparte de sus dueños. Una corporación puede estar sujeta al pago de impuestos, ser demandada y establecer contratos contractuales. Los propietarios de una corporación son sus accionistas, quienes eligen a los miembros del consejo de administración para que supervisen las políticas y decisiones más importantes de la compañía. La corporación cuenta con una vida propia y no se disuelve en caso de que cambien los propietarios.

Ventajas de una corporación .

- Los accionistas tienen una responsabilidad limitada con respecto a las deudas o juicios en contra de la corporación.

- Generalmente, los accionistas sólo son responsables por la inversión en acciones de la compañía. (Sin embargo, es importante mencionar que los directivos podrían estar sujetos a responsabilidad por sus acciones, como no retener y pagar los impuestos de sus empleados).

- Las corporaciones pueden obtener más capital a través de la venta de sus acciones.

- Una corporación puede deducir el costo de las prestaciones (paquete de beneficios) que ofrece a sus directivos y empleados.

- Si cumple con ciertos requisitos, puede inclinarse por declararse como una corporación S. Esta selección permite que la compañía esté sujeta a un pago de impuestos parecido al de una sociedad.

Desventajas de una corporación

- El proceso de incorporación requiere de más tiempo y dinero a comparación de otros modelos de organización.

- Las corporaciones están supervisadas y sujetas a normas de entidades: federales, estatales y algunas locales, y por ello podrían tener que cumplir con muchos más requisitos y documentos administrativos para demostrar su cumplimiento.

- La incorporación de una empresa podría resultar en el pago de más impuestos. Los dividendos pagados a los accionistas no son deducibles como un gasto empresarial, por lo que tal ingreso puede ser sujeto a un doble impuesto.

Formularios o planillas para la declaración de impuestos federales para las corporaciones regulares o de tipo "C"

(Esta es sólo una lista parcial y algunas pueden no ser aplicables a su caso)

- Formulario 1120 ó 1120-A Declaración del impuesto sobre la Renta de una Corporación.

- Estimado de Impuestos para una Corporación, Planilla 1120-W

- Formulario 8109-B Cupón para Depósito.

- Formulario 4625, Depreciación.

- Formularios o Planillas para el Pago de Impuestos de los Empleados .

- Otras planillas necesarias para: las ganancias de capital, venta de valores, impuesto mínimo alternativo, etc.

Corporaciones Subcapítulo Tipo S.

Sólo es una selección para el pago de impuestos, ésta opción permite que un accionista considere a sus ingresos y ganancias como reparto de utilidades permitiéndole con ello declararlas directamente en su declaración personal de impuesto sobre la renta. La particularidad de esta situación es que si el accionista trabaja para la empresa y si ésta arroja una ganancia, debe pagarse un sueldo asimismo, que deberá cumplir estándares de "compensación justa". Lo anterior puede variar de acuerdo a la región geográfica, así como a su ocupación, no obstante la regla básica es pagarse lo mismo que le pagaría a un tercero que realizara su trabajo, siempre y cuando exista una ganancia suficiente. De lo contrario, el IRS

[Servicio Tributario Interno de EE.UU.] puede reclasificar todos los ingresos y ganancias como salarios, lo que provocará que sea responsable por el pago de los impuestos sobre la cantidad total de su nómina.

Formularios o Planillas para la Declaración de Impuestos Federales para las Corporaciones con Supcapítulos Tipo S (Esta es sólo una lista parcial y algunas pueden no ser aplicables a su caso)

- Formulario 1120S Declaración de Impuestos sobre la Renta para una Corporación S

- 1120S K-1: Ingreso, Créditos y Deducciones Compartidas de los Accionistas.

- Formulario 4625, Depreciación.

- Formularios o Planillas para el Pago de Impuestos de los Empleados .

- Formulario 1040: Declaración Individual del Impuesto sobre la Renta

- Anexo E: Ingresos y Pérdidas Adicionales.

- Anexo SE: Impuestos como Empleado Independiente / auto-empleado.

- Formulario 1040-ES: Impuestos Calculados para los Individuos.

- Otras planillas necesarias para: ganancias de capital, venta de valores, impuesto mínimo alternativo.

Sociedades De Responsabilidad Limitada (LLC)

Una sociedad de responsabilidad limitada es una empresa con una estructura híbrida relativamente nueva, y que en la actualidad es reconocida en la mayoría de los estados. Y está diseñada para ofrecer las características de una corporación con responsabilidad limitada, al mismo tiempo que disfruta de la eficiencia tributaria y la flexibilidad operativa de una sociedad. Aun cuando su formación es más compleja y formal que en el caso de una sociedad general.

Los propietarios son miembros y la duración de una LLC normalmente se determina cuando se presentan los documentos de la organización. Si así se deseara el plazo de vencimiento puede extenderse, a través de una votación por parte de los miembros integrantes al momento del vencimiento. Una LLC no puede contar con más de 2 características de las cuatro posibles por las que se definen las corporaciones. La responsabilidad limitada en cuanto al total de los bienes, la capacidad de extender el plazo de vencimiento, la administración centralizada y la capacidad de transferir libremente los intereses de la propiedad.

Formularios o Planillas para los Impuestos Federales de una LLC . En la mayoría de los casos las LLC siguen las reglas tributarias de las sociedades, y si éstas cuentan con 2 de las 4 características (arriba descritas) de las corporaciones, por que deben utilizar las planillas como éstas.

En resumen, es necesario que considere cuidadosamente toda la información antes de decidir cuál es el modelo de propiedad que más le conviene. Utilice los servicios de sus consejeros clave para que le ayuden en este proceso.

¿Que Debo Hacer Para Comenzar Mi Negocio?

1. Tome una decisión con respecto al tipo de negocio que le interesa establecer. Aprenda todo lo que pueda sobre dicho negocio.

2. Evalúe sus fortalezas y debilidades personales y empresariales. Sea objetiva.

3. Investigue su mercado potencial, incluyendo a los clientes, su industria y la competencia. Averigüe los requisitos legales relacionados con licencias y permisos, las contribuciones sobre ingresos y sobre propiedad mueble e inmueble, la localización del negocio y el uso del nombre comercial.

4. Determine la estructura legal que tendrá su negocio. (Negocio individual, sociedad o corporación).

5. Evalúe los locales comerciales disponibles. Coteje la condición física del edificio, el tránsito, espacio de estacionamiento, costos del alquiler y la disponibilidad de agua, luz y teléfono.

6. Prepare un plan de negocios detallado. No deje de fijar fechas límites para la toma de decisiones clave.

7. Fije el horario o jornada de su negocio.

8. Reúna el capital necesario para llevar a cabo su plan. (Solicite un préstamo comercial y haga un presupuesto que le permita ahorrar).

9. Obtenga el equipo, muebles, materiales, inventario y letreros necesarios.

10. Reclute su personal. Empiece con la elaboración de descripciones de tareas. No olvide establecer un programa de adiestramiento para nuevos empleados.

11. Imprima sus tarjetas de presentación, papel membretado, formularios, recibos, etc.

12. Matricule o registre su nombre comercial. Si tiene una corporación debe someter los artículos de incorporación con el Departamento

de Estado. Publique las notificaciones en los periódicos si se requieren.

13. Consiga todos los permisos de uso incluyendo licencias de negocios requeridos en el ámbito local y estatal.

14. Matricule o registre su negocio con el estado y obtenga un permiso, si aplica.

15. Solicite un número patronal federal (Formulario SS-4) y oriéntese con respecto a sus responsabilidades de retención de contribuciones en la agencia federal IRS.

16. Abra una cuenta comercial bancaria. Debe mantener una cuenta ya preparada para sus finanzas personales. Compare las ofertas de varios bancos antes de tomar una decisión.

17. Si tiene planificado tener empleados, oriéntese con el Departamento del Trabajo o de Seguridad Económica de su estado.

18. Oriéntese con respecto a los seguros comerciales pertinentes a su negocio.

La compra de un negocio

A muchas personas les parece atractiva la idea administrar una pequeña empresa, sin embargo pierden su motivación después de lidiar con la redacción del su plan de negocios, los inversionistas y los asuntos legales asociados con el arranque de una nueva empresa. A menudo una alternativa más segura y sencilla para aquellos que se desaniman por esas faenas riesgosas es la compra de un negocio en funcionamiento.

Ventajas:

La principal razón para comprar un negocio ya establecido es la drástica reducción de los principales gastos iniciales: tiempo, dinero y energía. Además, gracias a la existencia de un inventario y de cuentas por cobrar, puede contar con un flujo de dinero inmediato. Otros beneficios incluyen la preexistencia de clientes preferenciales y oportunidades más sencillas de financiamiento, si es que el negocio cuenta con buenos antecedentes.

Desventajas:

El mayor obstáculo en la compra de un negocio pequeño el costo inicial de la adquisición. Debido a que ya cuenta con el concepto de la empresa, una clientela establecida (cartera de clientes), marcas y otras labores fundamentales, el costo financiero de adquirir un negocio en funcionamiento, generalmente es más alto que el iniciar uno desde cero. Otras posibles desventajas incluyen: problemas ocultos asociados con el negocio y las cuentas por cobrar, que se valúan al momento de la compra, pero que más adelante pueden resultar ser incobrables. Por ello es de suma importancia contar con una buena investigación para evitar estos problemas.

Le recomendamos que revise este valioso curso: Los negocios: cómo emprender y administrar su propia empresa .

La compra de una Franquicia

Un paso importante en el proceso inicial de un pequeño negocio es tomar la decisión de emprenderlo o no. Cada año, miles de empresarios potenciales se enfrentan con esta difícil decisión. Debido al riesgo y al trabajo que involucra el inicio de un nuevo negocio, muchos nuevos empresarios se inclinan por la compra de una franquicia como una alternativa a iniciar de cero un negocio independiente.

Uno de los más grandes errores que puede cometer es apresurarse a iniciarse en un negocio, por lo que es importante que entienda las razones que lo llevan a establecerlo y que determine si ser dueño de una empresa es lo más adecuado para usted.

Si está preocupado por el riesgo asociado con un negocio nuevo e independiente, es posible que su mejor opción de negocios sea la adquisición de una franquicia. No obstante, recuerde que el trabajo arduo, la dedicación y el sacrificio son esenciales para lograr el éxito de cualquier nueva empresa, incluyendo una franquicia.

¿Qué es una franquicia?

Una franquicia (o licencia o concesión) es el establecimiento de una relación legal y comercial entre el dueño de una marca registrada, marca de servicio, nombre comercial de un negocio o símbolo publicitario y el individuo o grupo que desea utilizar cualesquiera de éstas para identificar su negocio. La franquicia rige el método para realizar los negocios entre ambas partes involucradas. Generalmente la franquicia vende los bienes o servicios provistos por el concesionario o en su defecto éstos cumplen con las normas de calidad de la franquicia.

Una franquicia está basada en la confianza mutua entre el dueño de la franquicia y el concesionario. El dueño de la franquicia proporciona la experiencia empresarial (planes de mercadotecnia, orientación administrativa, ayuda financiera, ubicación del establecimiento, capacitación, etc.) que de otra manera no estarían al servicio del concesionario. Éstos a su vez aportan la operación de la franquicia, el espíritu empresarial y la fuerza conductora necesaria para que la franquicia logre el éxito.

Básicamente existen dos formas de franquicias

- Franquicia de productos o marcas (nombres de), y

- Franquicia del formato empresarial

En la forma más sencilla, la franquicia es dueña del derecho al nombre o de la marca registrada, y vende el derecho de uso al concesionario. Lo que se conoce como "concesión del producto o marca". La forma más compleja es "la concesión del formato empresarial", ya que involucra una relación continua más amplia entre ambas partes involucradas. Las franquicias de formato empresarial a menudo proporcionan una gran variedad de servicios, que incluyen: la selección del local, capacitación, provisión de productos, planes de mercadeo hasta ayuda para la obtención de financiamiento.

Si desea saber más acerca de:

- Las ventajas y desventajas de las franquicias

- Las responsabilidades de los concesionarios

- Qué contiene un paquete de franquicia, y

- Cómo entender el contrato de una franquicia

Es la Franquicia para Mi (inglés)
Registro de Franquicias (inglés)
http://www.franchiseregistry.com/
Directorio y Evaluación de Franquicias (inglés)
http://sbdcnet.utsa.edu/SBIC/franchise.htm
Para obtener información adicional consulte:
Guía del Consumidor para Obtener una Franquicia (inglés)
http://www.sba.gov/starting_business/startup/consumerguide.html

Recursos Externos

Cómo Comprar una Franquicia en Servicios de Limpieza

http://www.sba.gov/starting_business/startup/consumerguide.html

El Plan de Mercadeo

Los planes de mercadeo varían según la industria, el tamaño de la empresa y el nivel de crecimiento. La forma no es tan importante como lo es el proceso de preparación. El procedimiento le hace reflexionar sobre las metas del negocio y determinar cuáles estrategias de mercadeo utilizará para alcanzarlas.

Si tiene experiencia como comerciante, esto será un repaso rápido de lo que necesitará. Si es nuevoa en el mundo de negocios o nunca ha desarrollado un plan de mercadeo, puede utilizar esto como punto de partida y comenzar a generar ideas.

Resumen Ejecutivo Describa su compañía y explique brevemente los puntos principales del plan.

- o Presente su compañía mediante una breve descripción sobre la naturaleza del negocio y los productos o servicio que ofrece.

- o Exprese claramente la misión y los objetivos de la compañía.

- o Mencione su equipo gerencial (especialmente su equipo de mercadeo) y describa la estructura organizacional.

- o Incluya un resumen de los objetivos y de las estrategias de mercadeo que fueron recomendadas en el plan.

II. **Situación actual** Provea información acerca de la posición en que se encuentra, el mercado meta y el ambiente competitivo. También, identifique los asuntos críticos que su compañía enfrenta.

- o Describa la posición actual o futura del negocio.

- o Describa su mercado meta.

- o Incluya un resumen de su análisis de la competencia y asuntos críticos.

III. **Análisis de competencia y asuntos críticos**

o Incluya información sobre otras personas o compañías que ofrecen productos y servicios similares.

o Enumere los aspectos comerciales críticos que son retos potenciales; estos pueden ser una nueva legislación o el impacto de inminentes avances tecnológicos en su industria.

IV. **Objetivos de Mercadeo** - Explique sus objetivos de mercadeo; ¿cómo puede aumentar el reconocimiento de su producto en el mercado meta? Incluya un itinerario para indicar qué tiempo le tomará alcanzar sus objetivos.

V. **Estrategias de Mercadeo** - Este es el plan que se usa para alcanzar los objetivos de mercadeo. Este es el corazón del plan y cubre los cuatro puntos principales del mercadeo.

o **Producto**: Describa su producto o servicio en detalle. Incluya los beneficios y rasgos distintivos del producto.

o **Precio**: Describa su estrategia de precio y políticas de pago.

o **Promoción**: Describa las herramientas de promoción (plan de promoción) que utilizará para lograr los objetivos de mercadeo.

o **Posición o plaza**: Describa cómo y dónde se colocará el producto, ¿cómo el consumidor tendrá acceso a estos? y ¿cómo los venderá? sus métodos de venta y distribución.

VI. **Programa de Acción** - En esta sección describirá qué hará, cuándo empezará o estará listo y quién realizará las tareas.

VII. **Presupuesto** - Lista del costo de las actividades que describe en el plan de mercadeo.

VIII. **Evaluación** - Describa las metas numéricas, qué métodos utilizarán para medir los resultados al implementar el plan de mercadeo. Incluya el límite de cuál es el tiempo para realizar las metas. Por ejemplo, aumento de las ventas en un 10% en un periodo de 12 meses.

IX.   **Documentos de Apoyo** - Incluya cualquier documento de apoyo que refuerce las otras secciones del plan, como son el resumen del equipo gerencial, hojas de trabajo, estudios de mercado, resultados de investigaciones, etc.

¿Que Es Una Investigacion De Mercado?

¿Qué es una investigación de mercado? Beneficios de una investigación de mercado ¿Qué le puede indicar una investigación de mercado?

Es un método para recopilar, analizar e informar los hallazgos relacionados con una situación específica en el mercado. Se utiliza para poder tomar decisiones sobre:

- La introducción al mercado de un nuevo producto o servicio

- Los canales de distribución más apropiados para el producto

- Cambios en las estrategias de promoción y publicidad

Una investigación de mercado refleja:

- Cambios en la conducta del consumidor

- Cambios en los hábitos de compra

- La opinión de los consumidores

El objetivo de toda investigación es obtener datos importantes sobre nuestro mercado y la competencia, los cuales servirán de guía para la toma de decisiones.

No se debe limitar el proceso de investigación únicamente al momento en que se inicia un nuevo negocio. Por el contrario, debe convertirse en una actividad continua.

La investigación de mercado involucra el uso de varios instrumentos para analizar las tendencias del consumidor. Algunos de estos instrumentos incluyen: encuestas, estudios estadísticos, observación, entrevista y grupos focales. La investigación nos provee información sobre el perfil de nuestros clientes, incluyendo sus datos demográficos y psicológicos. Estos datos son características específicas de nuestro grupo objeto, necesarias para desarrollar un buen plan de mercadeo dirigido a nuestro público primario.

Beneficios de una investigación de mercado

La información obtenida a través de una investigación científica de mercado suele ser confiable y debe ser utilizada como guía para el desarrollo de las estrategias empresariales.

La investigación de mercado es una guía para la comunicación con los clientes actuales y potenciales

Si usted realiza una buena investigación, los resultados le ayudarán a diseñar una campaña efectiva de mercadeo, que otorgue a los consumidores potenciales la información que a éstos les interesa.

La investigación le ayuda a identificar oportunidades en el mercado

Por ejemplo, si usted planea iniciar un negocio en cierta localización geográfica y descubre que en ese lugar existe poca competencia, entonces usted ya identificó una oportunidad. Las oportunidades para el éxito aumentan si la región en la que piensa hacer negocio está altamente poblada y los residentes reúnen las características de su grupo seleccionado.

La investigación de mercado minimiza los riesgos

Si en lugar de identificar oportunidades en el mercado, los resultados de la investigación le indican que no debe seguir con el plan de acción, entonces es el momento de hacer ajustes. Por ejemplo, si los hallazgos reflejan que el mercado está saturado con el tipo de servicio o producto que planifica ofrecer, entonces usted sabe que tal vez sea mejor moverse hacia otra localización.

La investigación de mercado identifica futuros problemas

A través de la investigación puede descubrir, por ejemplo, que en el lugar donde quiere establecer su negocio, el municipio planifica construir un paso a desnivel o una ruta alterna con el propósito de aliviar la congestión de tránsito. ¡Usted ha indentificado un posible problema!

La investigación de mercado le ayuda a evaluar los resultados de sus esfuerzos

Con la investigación puede determinar si ha logrado las metas y los objetivos que se propuso al iniciar el negocio.

Datos demográficos:

Es información específica sobre una población. Incluye:

1. edad
2. sexo
3. ingreso aproximado
4. preparación académica
5. estado civil
6. composición familiar
7. nacionalidad
8. zona residencial

Los datos demográficos están basados en los hallazgos del censo nacional, agencias de gobierno y firmas privadas que se dedican a recopilar este tipo de información.

Usted puede obtener esta información en la Cámara de Comercio, en el periódico local, en el Departamento de Comercio o en una biblioteca local.

Por ejemplo, para el censo del 1990 en los EEUU se encontró que la mayor parte de la población se encontraba entre los 50 y 65 años de edad. Estos datos fueron aprovechados por algunas empresas para desarrollar productos y servicios para atender las necesidades de esta población. Como consecuencia, en los últimos años se registró una alza en las ventas de productos y servicios para la salud.

Datos psicológicos:

Estos datos recopilan la información que se encuentra en la mente del consumidor:

1. actitudes
2. estilos de vida
3. intereses
4. valores
5. cultura

Con la obtención de esta información podríamos:

1. determinar qué factores motivan al consumidor a comprar nuestro producto o servicio
2. identificar cualquier predisposición por parte del consumidor por razones culturales o ambientales.
3. conocer las preferencias del consumidor

OJO…La obtención de datos demográficos y psicológicos ahorran mucho tiempo y dinero a la compañía. La información sirve para delinear el perfil de nuestro cliente.

Métodos para investigar un mercado:

I. La Encuesta:

En este método se diseña un cuestionario con preguntas que examinan a una muestra con el fin de inferir conclusiones sobre la población. Una muestra es un grupo considerable de personas que reúne ciertas características de nuestro grupo objeto. Es recomendable que las preguntas de la encuesta sean cerradas [preguntas con alternativas para escoger]. Éste es el método que más se utiliza para realizar investigaciones de mercado.

Otro factor importante es la secuencia en la cual las preguntas son presentadas. Las preguntas iniciales deben ser sencillas e interesantes. Las preguntas se deben tocar desde lo general hasta lo específico. El cuestionario debe ser fácil de leer.

Por ejemplo,

¿ Cuál es el factor que más influye al momento que usted compra un carro nuevo?

___garantía ___precio ___ servicio ___ experiencia previa

II. La Entrevista

Una vez diseñado un cuestionario se procede a entrevistar a personas consideradas líderes de opinión. Generalmente, los participantes expresan información valiosa para nuestro producto o servicio.

Por ejemplo,

- ideas para promoción
- estrategias de ventas / mercadeo

III. La Observación

Otra opción que tenemos para obtener información es a través de la observación. Con simplemente observar la conducta de nuestro público primario podemos inferir conclusiones. Un ejemplo sería observar cómo las personas se comportan al momento de escoger un producto en el supermercado.

IV. Grupo Focal

Los grupos focales son parecidos al método de la entrevista, con la diferencia de que la entrevista se realiza a un grupo en vez de a un individuo. Para el grupo focal se selecciona entre 10 a 12 personas con características o experiencias comunes.

OJO…Es necesario tener un moderador para que conduzca la entrevista.

Una Fotografia Instantanea de Su Situacion Actual

En la sección sobre la Situación Actual de su plan de mercadeo, usted proveerá información acerca de la posición en que se encuentra, el mercado meta y el ambiente competitivo. Brevemente describirá los asuntos críticos que su compañía enfrenta, los detalles se ofrecerán en la sección de Análisis de la Competencia.

Localización:

Describa la localización actual o proyectada del negocio.

- Si usted no tiene un local, nombre las áreas o características que utilizará para seleccionar la localización. Considere la proximidad con los clientes, la disponibilidad de estacionamiento, inventario almacenado y movimiento, los requisitos federales, las leyes locales y estatales, requisitos de seguridad y el potencial de expansión.

- Enumere los aspectos negativos que afectarían las ventas (ej. insuficiente estacionamiento) y las soluciones para estos problemas.

- Describa los planes de expansión para el futuro. ¿Se mudará? ¿Ofrecerá productos o servicios adicionales? ¿Contratará empleados?

- Si ofrece o planifica ofrecer un servicio o producto que no requiera que el consumidor visite su negocio, incluya una descripción en la que explique como se comunicará con los clientes - cómo los servicios y productos se intercambiarán. Si su producto es Servicio de Consultorías; ¿cómo proveerá el servicio?, ¿visitará al cliente? Si su producto se ofrecerá a través de un catálogo de venta o del Internet; describa ¿cómo los servicios y/o los productos llegarán al consumidor?

Descripción del mercado meta

Enfocar todos los esfuerzos al <u>mercado meta</u> es crítico para el éxito en el mercadeo de cualquier producto. Planificar las estrategias de mercadeo sin conocer a quién le quiere vender es como planificar una fiesta sin conocer nada acerca de las personas que asistirán a la misma.

- **Describa el tamaño de su mercado meta** - recuerde, el mercadeo es <u>gente</u> con algo en común, no es un lugar o cosa. Sea específico e incluya estadísticas sobre el tamaño de su mercado meta. Incluya información sobre el tamaño de su mercado; si está en crecimiento, en reducción o si se mantiene igual. Si el tamaño de su mercado está cambiando explique el por qué.

- **Describa su mercado meta en los siguientes términos:**
- **Características** *similares* - como lo son la edad, ingreso anual, sexo, estado civil, lugar de residencia, nivel de educación, número de hijos, etc.
- **Hábitos** - por ejemplo, si su audiencia clave son personas que tienden a trabajar en exceso, son buenos candidatos para entregarles la comida en sus oficinas o casas.
- *Necesidades y deseos* - pregúntese ¿cómo su producto los satisfacerá? Por ejemplo, les simplifica la vida, calidad, comodidad, etc.
- **Describa los hábitos de compra de su mercado meta** - por ejemplo; ¿cómo gastan su dinero?, ¿dónde compran?, ¿qué cantidad?, ¿con qué frecuencia?

Nota: Si tiene más de un mercado meta, identifique su mercado primario - los consumidores que comprarán con más regularidad. Luego, incluya el grupo secundario, si cree que este sector pudiese proporcionar negocios significativos. Identifique las características, necesidades, etc. para cada grupo porque deberá cambiar sus estrategias de mercado respectivamente.

Análisis competitivo y de asuntos críticos.

Para entender a la competencia y los asuntos críticos que enfrentará su negocio, le guiaremos en el desarrollo de los objetivos y estrategias de mercadeo. En esta sección del plan debe incluir una breve descripción de los competidores y los asuntos externos que son relevantes para su negocio.

Un *análisis de competencia* incluye información individual de otras compañías que ofrecen servicios o productos que compiten con su empresa. Sus clientes potenciales tendrán la alternativa de escoger entre su compañía y los competidores para gastar su dinero.

Un *análisis de asuntos críticos* identifica los asuntos externos que influyen (nuevas leyes o el impacto de los avances tecnológicos) y que presentan un reto o desafío a las operaciones de su negocio.

Analisis De La Competencia Y Asuntos Criticos

El propósito del análisis de la competencia es explicar en detalle cuáles son los cambios externos y las oportunidades que su negocio enfrenta.

Beneficios al preparar un análisis de la competencia

- Descubrirá cual es su ventaja competitiva - la razón por la cual sus clientes hacen negocio con usted en lugar de con su competencia. Entonces, usted será capaz de comunicar efectivamente su ventaja competitiva para ganar clientes potenciales.

- Analizar la situación actual del mercado y los ofrecimientos de sus competidores le ofrece la oportunidad de explorar alternativas para hacer mejoras innovadoras a su producto.

- Usted podrá encontrar que hay ciertos tipos de clientes cuyas necesidades no han sido satisfechas. Por ejemplo: si su plan incluye la preparación y entrega de comidas gourmet, podría descubrir que ciertas zonas de la ciudad no están incluidas. Si usted puede satisfacer las necesidades de un sector que se encuentra al descubierto, estará desarrollando un "nicho" de mercado.

- Si observa las acciones de sus competidores, podrá aprender más acerca de su mercado. Por ejemplo: ¿Durante una temporada especial, existe algún competidor exitoso que ofrezca precios reducidos? Si es así ¿cuál es el mensaje que usted percibe con relación a los hábitos de compra de su clientela?

- Si encuentra que su mercado esta saturado de competidores competentes, usted puede evitar el costoso error de empezar un negocio sin suficiente demanda. Usted puede redirigir sus esfuerzos hacia otro mercado. (Por ejemplo: su investigación puede indicar que ya existe un amplio número de negocios de servicios de comidas gourmet en su área).

Analisis Competitivo

Qué discutir en su análisis de competencia.

- **Nombre de los competidores** - Enumere todos sus competidores.

- **Resumir todos los productos de los competidores** - Incluya la localización, calidad, publicidad, métodos de distribución, estrategias de promoción y servicio al cliente.

- **Fortalezas y debilidades del competidor** - Es importante conocer las fortalezas y debilidades desde el punto de vista del consumidor.

- **Estrategias y objetivos del competidor** - Esta información se puede conseguir fácilmente - si obtiene una copia del informe anual.

Ideas para conseguir información de sus competidores.

- **Internet** - Investigue en Internet.

- **Visitas** - Puede visitar a sus competidores. Observe cómo los empleados interactúan con los clientes, ¿cómo se presentan los productos?, ¿cuáles son los precios?

- **Hablar con los consumidores** - Su equipo de ventas está regularmente en contacto con clientes y prospectos. Su competencia también está en contacto con este sector del mercado. Escuche lo que los clientes y prospectos dicen sobre la competencia - ¡y sobre usted también !

- **Anuncios de los competidores** - Analice los anuncios de la competencia para obtener información sobre su audiencia, posición de mercado, beneficios del producto, precio, etc.

- **Presentaciones** - Asista a las presentaciones de los representantes de la competencia.

- **Exhibiciones** - Observe a los expositores con ojo crítico y desde el punto de vista del consumidor.¿Qué "dice" la exhibición sobre la empresa? El tipo de exhibiciones y ferias que la competencia patrocina indican sus estrategias de mercadeo y el sector de mercado que persiguen.

- **Otras fuentes: publicaciones**:
  - o Publicaciones de negocios en general
  - o Publicaciones de publicidad y mercadeo
  - o Periódicos locales y publicaciones de negocios
  - o Publicaciones industriales y de gremios
  - o Estudios e investigaciones de la industria
  - o Listados computarizados (disponibles en muchas bibiliotecas)
  - o Informes anuales
  - o Páginas Amarillas

Nota: Desarrolle un archivo para cada uno de sus competidores. En él debe colocar toda la literatura de mercadeo que consiga, como artículos en que los mencionan. La información que recopile le servirá para actualizar el análisis de la competencia.

Análisis de Asuntos

Además de la competencia, su negocio podría enfrentar otros obstáculos para alcanzar el éxito. Para vencerlos, es necesario entender la naturaleza de los mismos, y para beneficiarse de "los golpes de suerte" es necesario estar al tanto de las innovaciones y eventos que puedan redundar en nuestro beneficio.

Oportunidades y Amenazas Externas

Identifique y coloque, según el orden de importancia, cualquier oportunidad y amenazas que su negocio podría enfrentar por influencias externas. Esta información la puede obtener mediante varias fuentes:

- Las expectativas económicas de su mercado - ¿está comenzando un negocio en una economía estable? Si no es así ¿puede su producto sobrevivir?
- Innovaciones de los productos - ¿cómo le afectarán los cambios realizados a los productos de la competencia? ¿Qué está pasando con los productos que "complementan" su línea? (Si diseña programas de computación que utilizan Windows, las PCs de IBM se considerarán "productos complementarios" a los suyos)
- Avances tecnológicos - ¿Qué cambios tecnológicos le impactarán?
- Asuntos ambientales - ¿es su producto saludable?
- Reglamentaciones gubernamentales - ¿qué impacto tienen estas reglamentaciones en su negocio? ¿Se vislumbra alguna legislación que pudiese afectarle?
- Barreras para entrar al mercado - ¿existen barreras, altas o bajas, que le impiden u obstaculizan la entrada a su mercado? ¿Qué necesitaría un competidor para iniciar operaciones en su campo? ¿Podría un competidor inciar operaciones de la noche a la mañana (barrera baja) o su negocio requiere de conocimientos especiales, equipo costoso, etc. (barrera alta)?

Fortalezas y debilidades (dentro de su negocio)

Identifique las fortalezas y debilidades de su compañía, como por ejemplo; su educación, reputación y experiencia en su área. Si planifica contratar empleados, una debilidad puede ser la falta de un supervisor.

Resuma los asuntos principales en una declaración

Finalmente, determine cuáles son los asuntos más significativos e intégrelos en una Declaración de Asuntos. Use esta Declaración de Asuntos, cuidadosamente preparada, a medida que vaya fijando sus objetivos y estrategias de mercadeo.

A continuación presentamos un ejemplo de una Declaración de Asuntos:

Mientras que existen pocas barreras para entrar al campo y ofrecer servicios de relaciones públicas a proprietarios de pequeños negocios (un teléfono y una computadora es todo lo que se requiere.

Para compensar la falta de experiencia del propietario e interés en supervisar los empleados, se reclutará un administrador especializado.

Financiamiento De Su Negocio

La clave para el exito al comenzar su negocio, así como su expansión, es su habilidad de obtener y asegurar el financiamiento apropiado. De todas las actividades empresariales, la de reunir capital es la más basica. Pero muchos empresarios descubren rapidamente que la recaudación de capital no es facil; de hecho, puede ser un proceso complejo y frustrante. Sin embargo, si esta usted informado y ha planificado eficazmente, el reunir los fondos necesarios para su negocio, no sera una experiencia desagradable.

Este resumen informativo presenta las maneras de reunir fondos y explica como se prepara una propuesta de préstamo.

Encontrar El Dinero Que Usted Necesita

Existen muchas fuentes que se deben tomar en cuenta al buscar financiamiento. Es importante explorar todas las opciónes antes de tomar una decisión.

Los ahorros personales: La fuente principal de capital para la mayoria de los negocios nuevos procede de los ahorros y otras formas de recursos personales. Mientras se suelen utilizar las tarjetas de credito para financiar las necesidades de negocios, es posible que existan mejores opciónes disponibles, incluso para los préstamos muy pequeños.

Los amigos y los parientes: Muchos empresarios que se lanzan al mundo empresarial recurren a las fuentes privadas, tales como, los amigos y la familia. A menudo, el dinero se présta sin intereses o a una tasa de interes baja, lo cual resulta beneficioso al iniciar una empresa.

Bancos y Asociaciónes Cooperativas de Credito (Credit Unions): Las fuentes mas comunes para la obtención de fondos son los Bancos y las Asociaciónes Cooperativas de Credito, los cuales proporciónaran el préstamo si usted demuestra que su solicitud esta bien planificada.
Las empresas de capital de riesgo: Estas empresas préstan ayuda a las Compañias que se encuentran en expansión y crecimiento, a cambio de patrimonio o su participación parcial en la derechos de propiedad.

Pedir Dinero Préstado

Con frecuencia se dice que los empresarios de pequeños negocios encuentran dificultades a la hora de pedir dinero préstado. Esto no es necesariamente verdad.

Los bancos hacen dinero por medio de los préstamos otorgados. Sin embargo, la poca experiencia de muchos dueños de Pequeñas empresas en los asuntos de financiamiento origina el rechazo de las solicitudes de préstamos bancarios.

Solicitar un préstamo cuando usted no esta debidamente preparado envia un mensaje negativo al préstamista, ya que indica que Ud. puede ser de

ALTO RIESGO.
Para tener éxito en conseguir un préstamo, debe estar preparado y organizado. Asimismo, debera saber la cantidad exacta de dinero que necesita, por que lo necesita y cómo piensa pagar el préstamo. Debe convencer al préstamista que usted no presenta ningún riesgo.

Los Vencimientos De Préstamos SBA

Los programas de préstamo SBA estan desarollados a fomentar el financiamiento de empresas Pequeñas a largo plazo. Actualmente, los vencimientos de préstamos estan basados en la capacidad de repago, el proposito de las ganancias del préstamo y la vida util del activo finan-ciado.

Sin embargo los vencimientos maximos de préstamo que estan en vigor son: 25 años para los bienes raices; hasta 10 años para la maquinaria (dependiendo de la vida util del equipo); y generalmente hasta 7 años para el capital activo. La SBA ofrece los préstamos a corto plazo para ayudar a las empresas pequeñas a cumplir con sus necesidades de capital activo ciclico y de corto plazo.

Tipos De Préstamos De Negocios

Las condiciónes de préstamos varian de préstamista a préstamista; existen dos tipos de préstamos basicos: a corto plazo y a largo plazo. Generalmente, un préstamo a corto plazo tiene un vencimiento de hasta un año.

Esto incluye préstamos de capital activo, cuentas por pagar y lineas de credito.

Los préstamos a largo plazo tienen vencimiento de más de un año pero normalmente de menos de siete años. Los préstamos de bienes raices y maquinaria tienen un vencimiento de hasta veinticinco años.

Los préstamos a largo plazo se usan para los gastos importantes del negocio tales como la compra de bienes raices, construcción, equipo duradero, muebles y accesorios, vehiculos, etc.

Como Redactar Una Solicitud De Préstamo

La aprobación de su solicitud depende no solo de como haya fundamentado sus necesidades financieras, sino tambien de la imagen que presente de usted mismo. Recuerde, los préstamistas quieren otorgar préstamos, pero ellos deben aprobar aquellos que seran pagados. La mejor manera de mejorar las posibilidades de obtener un préstamo es preparar una solicitud por escrito.

Una solicitud de préstamo debera contener los siguientes elementos principales:

Información General

- El nombre del negocio, los nombres de los propietarios, los numeros de seguridad social de cada uno de ellos y la dirección del negocio.
- El proposito del préstamoy el uso exacto de los fondos y por que se necesitan.
- La cantidad requerida, es decir, la cantidad exacta que usted necesita para lograr su propósito.

Descripción Del Negocio

- La historia y el tipo de negocio - detalles del tipo de negocio, su edad, el numero de empleados y el activo actual.
- La estructura de propiedad - detalles de la estructura legal de la empresa.

Perfil De La Gerencia

- Desarrolle un informe breve de cada uno de los directores de su empresa; incluya sus antecedentes, educación, experiencia, habilidades y logros.

Información De Mercado

Defina claramente tanto los productos de su empresa como su mercado.

Identifique a sus competidores y xplique cómo su negocio compite en el mercado.

Analice a sus clientes y explique como su negocio puede satisfacer las necesidades de ellos.

Información Financiera

Declaraciónes financieras estados financieros y las declaraciónes de ingresos de los ultimos tres años. Si usted esta comenzando las operaciónes de su negocio, provea los estados y declaraciónes de ingresos proyectados.

Declaraciónes financieras de caracter personal de usted y otros propietarios de su negocio.

Bienes que usted estaria dispuesto a otorgar para garantizar el pago del préstamo.

Como Sera Evaluada Su Solicitud De Préstamo

Al evaluar la solicitud de préstamo, la preocupación principal del préstamista sera el pago del mismo. Muchos préstamistas solicitaran a una agencia de credito una copia de su historial de credito para determinar su capacidad de pago. Por lo tanto, debera colaborar con estas agencias con el fin de ayudarlos a presentar una imagen acertada de su negocio. Utilizando el historial de credito y la información que Ud. haya proporciónado, el préstamista tomara en cuenta las siguientes consideraciónes:

Ha invertido ahorros y patrimonio personal en su negocio que suman un minimo del veinticinco y hasta un cincuenta por ciento del prdstamo que solicita? (recuerde, un préstamista o inversor no financiara al cien por ciento su negocio).

Cuenta con un historial de credito solvente, tal como indica su informe de crédito, su historial de trabajo y sus cartas de recomendación?. Esto es muy importante.

Tiene la experiencia y formación necesarias para dirigir un negocio con exito?

Las 48 Preguntas Más Frecuentes

1.- ¿Tengo lo qué se necesita para ser dueño / gerente de un pequeño negocio?

La misión de la SBA, por mandato del Congreso, es ayudar a los pequeños negocios de la nación a satisfacer sus necesidades financieras. Los programas de la agencia mejoran la habilidad de los prestamistas de proveer préstamos a corto y largo plazo a pequeños negocios que, de otra forma, no cumplen los requisitos para obtener crédito a través de los canales normales de empréstito. La SBA tiene fundamentalmente cuatro programas de préstamos e inversión en acciones ordinarias: el Programa de Garantía de Préstamos 7(a), el Programa de Micro préstamos 7(m), el Programa de Préstamos de Compañías de Desarrollo Certificado 504 y el Programa de Compañías de Inversión en Pequeños Negocios.

2.- ¿Qué negocio debo escoger?

Comúnmente, el mejor negocio es el qué le interesa más y para el cual tiene mayor habilidades. Puede ser qué al examinar sus opciones, desee consultar con personas de negocios y con expertos locales acerca del potencial de crecimiento de diferentes negocios en su área. Poner en uso sus conocimientos dentro del mercado local aumentará sus probabilidades de éxito.

3.- ¿Qué es un plan de negocio y por qué necesito prepararlo?

Un plan de negocio define precisamente su negocio, identifica sus metas y sirve como el currículo de su empresa. Sus componentes básicos incluyen una hoja de activos, pasivos y deudas actuales; una declaración de ingresos; y un análisis del flujo de dinero en efectivo. Esto le ayudará a distribuir recursos apropiadamente, manejar complicaciones no previstas y tomar decisiones correctas.

Proporciona información específica y organizada sobre su compañía y sobre como va a pagar el dinero prestado, un buen plan de negocio es parte crucial de cualquier solicitud de préstamo. Además, esto puede proporcionar información sobre sus operaciones y metas a su personal de ventas, a sus proveedores y a otros.

4.- ¿Por qué tengo qué definir mi negocio detalladamente?

Quizás le parezca ridículo preguntarse, "¿En qué negocio estoy realmente?" sin embargo algunos dueños y gerentes acabaron en quiebra porqué nunca respondieron esa pregunta. Un dueño de una tienda de relojes se dió cuenta de qué pasaba la mayoría de su tiempo reparando relojes mientras qué la mayoría de su dinero lo gastaba en venderlos. Al fin decidió qué estaba en el negocio de reparaciones y discontinuó las operaciones de venta. Sus ganancias mejoraron dramáticamente.

5. ¿Qué aspectos legales tengo qué considerar?

Las licencias requéridas, las leyes sobre la división en zonas y otros reglamentos varían de negocio a negocio y de estado a estado. Su oficina local de la Agencia Federal para el Desarrollo de los Pequéños Negocios de los EE.UU. [SBA por las siglas en inglés de U.S. Small Business Administration] y / o las Cámaras de Comercio le proporcionarán información general, pero tendrá qué consultar con su abogado para obtener asesoria específicas sobre su empresa y su área. También usted tiene qué decidir sobre de su forma de organización (corporación, sociedad, etc.) o estado tributario por ejemplo, pregúntese si debe optar por el estado de subcapítulo ["Subchapter S Status"].

6. ¿Qué necesito para tener éxito en un negocio?

Hay cuatro fundamentos básicos para el éxito en los pequéños negocios:

- Prácticas administrativas sólidas.
- Experiencia en la industria.
- Apoyo técnico.
- Habilidad para planificar.

Pocas personas empiezan un negocio con todas estas bases cubiertas. Evalúe honestamente su propia experiencia y sus habilidades; entonces busqué socios o empleados claves para compensar sus propias deficiencias.

7. ¿Sería más fácil lograr el éxito asociándose con una o más personas?

Un socio en el negocio no garantiza el éxito. Si necesita habilidades administrativas adicionales o capital para el comienzo del negocio, es posible qué obtener un socio sea la decisión más apropiada. Tanto la personalidad y el carácter, como la habilidad de proporcionar ayuda técnica o económica, determinan finalmente el éxito de una sociedad.

8. ¿Cómo encuentro empleados calificados?

Escoja cuidadosamente a sus empleados. Decida de antemano lo qué usted desea qué ellos hagan. Sea específico. Quizás necesitará empleados qué sean flexibles y qué puedan cambiar de un trabajo a otro cuando se requiera. Entreviste y seleccione a los candidatos con mucho cuidado. Recuerde, las buenas preguntas resultan en buenas respuestas -- cuanto más aprenda sobre las experiencias y habilidades de cada candidato, mejor preparado está para tomar su decisión.

9. ¿Cómo fijo los niveles de sueldos?

Los niveles de sueldos se calculan utilizando como criterios la importancia de la posición y las habilidades requéridas. Consulte con su asociación comercial y su contador para informarse sobre las prácticas más actuales, la proporción de costos y márgenes de ganancias en su rama de comercio. Aunqué hay un sueldo por hora mínimo establecido por ley federal para la mayoría de los trabajos, el sueldo es algo completamente entre usted y su futuro empleado.

10. ¿Qué otras responsabilidades económicas tengo en cuanto a mis empleados?

Usted tiene qué retener impuestos federales y estatales sobre ingresos, contribuir a los sistemas de desempleo y de compensación por salud ocupacional e igualar las contribuciones del empleado del Seguro Social. Quizás también desee averiguar sobre seguros de vida o de incapacidad para empleados claves. Las leyes en estos asuntos varían de estado a estado, probablemente será mejor qué consulte con fuentes de información locales y / o con las oficinas de la SBA.

11. ¿Qué tipo de medidas de seguridad debo tomar?

Crímenes desde robo armado a desfalco pueden destruir hasta el mejor negocio. Por eso usted debe instalar un buen sistema físico de seguridad. Es igualmente importante establecer normas y salvaguardas para asegurar responsabilidad y honestidad entre su personal. Porqué los sistemas de computadoras se pueden utilizar tanto para defraudar como para mantener archivos, debe investigar la posibilidad de un programa de seguridad para computadoras. Considere asistir a seminarios sobre cómo reconocer y evitar pequéños robos de productos en tiendas, y como manejar dinero en efectivo y mercancía; es tiempo y dinero bien invertidos. Finalmente, el cuidado en la selección de empleados será su mejor aliado contra el crimen.

12. ¿Debo emplear a familiares para qué trabajen para mí?

Frecuentemente los familiares del dueño "ayudan en el negocio". Para algunos dueños de pequéños negocios es una experiencia gratificante; para otros puede causar daños irreparables. Considere cuidadosamente la lealtad y respeto qué le tienen como dueño-gerente. ¿Puede usted mantener separadas sus decisiones familiares y sus decisiones de negocio?

13. ¿Necesito una computadora?

Hoy en día, los pequéños negocios se enfrentan a necesidades como aumento de inventario, clientes con mayores expectativas, aumentos en los costos y una mayor competencia. Las computadoras le pueden proporcionar información qué pueden aumentar el retorno de sus inversiones. Al mismo tiempo, le ayudan a enfrentar muchas otras presiones de su negocio. Sin embargo, las computadoras no solucionan todo, por eso debe considerar cuidadosamente lo siguiente:

1. la decisión de si la necesito o no, y

2. la selección del mejor sistema (o computadora personal) para su negocio.

14. ¿Qué de las telecomunicaciones?

Todos los pequéños negocios tienen algunas funciones comunes: ventas, compras, financiamiento, operaciones y administración. Dependiendo de las particularidades del negocio, las telecomunicaciones pueden apoyar sus objetivos en todas o en algunas de estas áreas. En su forma básica, el teléfono y la red (local y de larga distancia) constituyen los componentes básicos de las telecomunicaciones. Es un instrumento efectivo qué puede cambiar fácilmente con las temporadas comerciales y con el crecimiento. La forma cómo utiliza sus telecomunicaciones puede afectar la efectividad y las ganancias según su compañía crezca en el futuro.

15. ¿Cuánto dinero necesito para empezar mi negocio?

Una vez tenga el edificio y los equipos requéridos todavía usted debe tener suficiente dinero disponible para cubrir los gastos de operación durante por lo menos un año. Estos gastos incluyen su sueldo como dueño y el dinero para pagar sus préstamos. Una de las causas más comunes del fracaso de algunos negocios es el insuficiente capital para el inicio de la empresa. Por lo tanto, debe trabajar diligentemente con su contador para calcular sus necesidades de flujo de dinero en efectivo.

16. ¿Cuáles son las alternativas para financiar un negocio?

Contribuir con sus propios fondos es el primer paso de financiamiento. Es indudablemente el mejor indicador de su seriedad concerniente a su negocio. Arriesgar su propio dinero le da confianza a otros inversionistas en su negocio. Quizás desee considerar a algunos miembros de su familia o un socio para lograr financiamiento adicional. Los bancos son una fuente obvia de fondos. Otras fuentes para préstamos incluyen compañías de financiamiento comercial, firmas de capital empresarial, compañías locales de desarrollo y compañías de seguros de vida. El crédito comercial, la venta de acciones y el arrendamiento de equipos son alternativas qué pueden considerarse antes de solicitar un préstamo. Por ejemplo, un contrato de arrendamiento puede ser ventajoso, ya qué no ata su dinero en efectivo. Pida información sobre estas diferentes fuentes a su oficina local de la SBA. También solicite materiales producidos por la SBA incluyendo publicaciones como "Enfoqué en las Realidades" ["Focus on the Facts"].

17. ¿Qué tengo qué hacer para solicitar un préstamo?

Inicialmente, el prestamista hará tres preguntas:
- ¿Cómo utilizará el préstamo?
- ¿Cuánto necesita tomar prestado?
- ¿Cómo pagará el préstamo?

Cuando solicite un préstamo, usted debe proporcionar declaraciones de estados financieros y un plan del negocio claro y coherente qué proporcione el nombre de la empresa, su ubicación, sus instalaciones, su estructura legal y sus metas comerciales. También necesitará una descripción clara de su experiencia y habilidades administrativas así como la experiencia de otros miembros claves del personal. Si sus solicitudes de préstamos fueron rechazadas por al menos dos bancos, usted puede pedirle a un prestamista qué haga el préstamo bajo el Plan de Préstamos Garantizados ["Loan Guarantee Plan"].

18. ¿qué tipo de ganancias puedo esperar?

No es una pregunta fácil. Sin embargo, hay normas de comparación qué se llaman "porcentajes de la industria" ["industry ratios"], las cuales pueden ayudarle a estimar sus ganancias. El Rendimiento en la Inversión (ROI) ["Return on Investment"], por ejemplo, estima la cantidad de ganancias qué se obtendrán de un número específico de dólares invertidos en el negocio.

Estas razones están detalladas por sus tamaños y códigos de Clasificación Industrial Estándar [SIC por las siglas en inglés, Standard Industrial Classification], lo cual le permite obtener los promedios de la industria para su negocio. Varios grupos publican estas cifras, y se pueden encontrar en su biblioteca local.

La SBA y las asociaciones comerciales qué sirven a su industria también pueden proporcionarle ayuda.

19. ¿Qué debo saber con respecto a la contabilidad y mantenimiento de libros?

Es muy importante mantener archivos adecuados. Sin archivos, no se puede discernir como le va a su negocio y en qué dirección irá en el futuro. Por lo menos, se necesitan archivos para comprobar estos datos:

1. Sus declaraciones de impuestos bajo las leyes federales y estatales, incluyendo el impuesto sobre los ingresos y las leyes de Seguridad Social;
2. Su solicitud para obtener crédito de los vendedores o un préstamo bancario;
3. Sus reclamaciones sobre el negocio, en caso de qué decidiera venderlo.

Pero lo más importante, los necesita para administrar su negocio exitosamente y para aumentar sus ganancias.

20. ¿Cómo establezco el sistema de mantenimiento de archivos apropiado para mi negocio?

El tipo y el número de archivos qué usted necesitará dependen de su operación específica. Los recursos de la SBA y un contador le pueden proporcionar muchas opciones. Cuando decida lo qué sea necesario y lo qué no lo sea, tome en cuenta las siguientes preguntas:

1. ¿Cómo se utilizará este archivo?
2. ¿Cuál es la importancia de esta información?
3. ¿Está disponible esta información en otro lugar de manera igualmente accesible?

21. ¿Qué declaraciones financieras necesito?

Usted debe preparar y entender las dos declaraciones financieras básicas:

1. la hoja de activos, pasivos, capital, y deudas; y

2. la declaración de ingresos (pérdidas y ganancias), un resumen de sus ingresos y de sus gastos durante un período de tiempo especificado.

22. ¿En qué consiste la mercadotecnia?

La mercadotecnia es su instrumento de organización más importante. Hay cuatro aspectos básicos del mercado, llamadas frecuentemente las "cuatro Ps"

- **Producto**: El artículo qué usted vende o servicio qué usted proporciona.

- **Precio**: La cantidad qué usted cobra por su producto o servicio.

- **Promoción**: Las maneras en qué informa a su mercado acerca de quién es, cuál es su negocio y en dónde está ubicado.

- **Plaza**: Los conductos qué utiliza para proporcionar el producto al cliente.

Cómo usted puede darse cuenta, la mercadotecnia comprende mucho más qué solamente la publicidad o las ventas. Por ejemplo, una gran parte la mercadotecnia incluye la investigación de sus clientes: ¿qué es lo qué desean? ¿Cuánto pueden pagar? ¿Qué piensan? Su entendimiento y la aplicación de las respuestas a preguntas como éstas juegan un papel principal en el éxito o fracaso de su negocio.

23. ¿Cuál es mi potencial de mercado?

Los principios para determinar la porción del mercado y el potencial del mismo son iguales en todas las áreas geográficas. Primero determine un perfil del cliente (quién) y del tamaño geográfico del mercado (cuántos).

Este es el potencial de mercado general. El conocer el número y la fuerza de sus competidores (y también estimar la porción del mercado qué su negocio les quitará) le proporcionará el potencial de mercado específico a su empresa.

24. ¿Qué hago con respecto a la publicidad?

El crecimiento de su negocio será influenciado por cuan bien planifiqué y ejecute un programa de publicidad. La publicidad es uno de los creadores principales de imagen comercial, debe ser bien planeada y bien presupuestada. Comuníquése con agencias de publicidad locales o con la oficina local de la SBA para ayudarle a desarrollar una estrategia de publicidad efectiva.

25. ¿Cómo fijo los niveles de precios?

El precio de un servicio o de un artículo se basa en tres costos de producción básicos: materiales, mano de obra y gastos generales. Después de qué se determinen estos costos, se selecciona un precio qué será tanto lucrativo como competitivo. Como la fijación de precios puede ser un proceso complicado, tal vez usted desee buscar ayuda de un experto.

26. ¿Son mejores algunas localidades qué otras?

El tiempo y el esfuerzo qué dediqué a seleccionar donde establecer su negocio puede constituir la diferencia entre el éxito y el fracaso. El tipo de negocio, el mercado potencial, la disponibilidad de empleados y el número de competidores son los factores qué determinan donde debe ubicar su negocio.

27. ¿Es mejor arrendar o comprar la tienda (o la planta) y los equipos?

Esta es una buena pregunta y se debe considerar cuidadosamente. El arrendamiento no restringe su dinero en efectivo; pero la desventaja es qué el artículo no tiene ningún valor de reventa o de recuperación ya qué usted no es el propietario. Una evaluación cuidadosa de las alternativas y un análisis del costo le ayudarán a tomar la mejor decisión.

28. ¿Puedo operar un negocio en mi hogar?

Sí. De hecho, los expertos estiman qué un 20 por ciento de las nuevas empresas se operan desde el hogar del dueño. Las oficinas locales de la SBA y las cámaras de comercio estatales pueden proporcionarle información pertinente sobre cómo administrar un negocio ubicado en su hogar.

29. ¿Cómo averiguo sobre proveedores, fabricantes y distribuidores?

La mayoría de los proveedores quieren cuentas nuevas. Una fuente excelente para encontrar proveedores es el "Registro Thomas" ["Thomas Register"], qué proporciona fabricantes por categorías y por área geográfica. La mayoría de las bibliotecas tienen una guía de fabricantes, listados por estado. Si usted conoce a los fabricantes de la línea del producto, una carta o llamada telefónica a esas compañías le proporcionará información sobre el distribuidor o mayorista local. Para algunas líneas, las exposiciones comerciales son buenas fuentes para obtener proveedores y para evaluar los productos de la competencia.

30. ¿Dónde puedo recibir ayuda?

SBA tiene oficinas en casi cada ciudad principal del país. La Oficina de Iniciativas Comerciales ["Office of Business Initiatives"] de la SBA opera la Oficia de Información qué tiene un número de teléfono gratuito, 1-800-8-ASK-SBA, para proporcionarle referencias directas de las fuentes de información apropiadas. La SBA proporciona una variedad de servicios de asesoramiento, entrenamiento e información incluyendo la Asociación de Ejecutivos Jubilados (SCORE por las siglas en inglés de Service Corps of Retired Executives), los Centros de Información Empresarial (BICs por las siglas en inglés de Business Information Centres) y los Centros de Desarrollo para Pequéños Negocios (SBDCs por las siglas en inglés de Small Business Development Centres).

Además, se pueden encontrar representantes del centro de compras en cada instalazión militar principal. Hay más de 2,700 cámaras de comercio establecidas a través del país para proporcionar ayuda adicional.

31. ¿Qué hago cuando este listo?

Usted ha hecho su tarea: tiene un plan de negocio completo; sabe en dónde desea operar; sabe cuánto dinero en efectivo necesitará; y tiene información específica sobre las posibilidades para encontrar empleados, vendedores y mercado. Sería recomendable qué alguien examine sus planes objetivamente. Comuníquése con el departamento de comercios de una universidad local para recibir una segunda opinión. Un representante de SCORE en la SBA también puede examinar su trabajo y ayudar a mejorarlo. Entonces, en cuanto haya tomado la decisión final para seguir adelante, ese será el momento de llamar al banco y empezar.

32. ¿Que es un negocio pequeño?

Es importante que determine si califica como pequeño negocio para obtener préstamos y oportunidades de hacer negocios con el gobierno. Usted lo puede determinar rápidamente usando el Sistema de Clasificación de la Industria de América del Norte (NAICS por las siglas en inglés de North American Industry Classification System). Simplemente introduzca la descripción de su negocio, NAICS o SIC (si lo conoce) y localice el tipo de negocio en la tabla de resultados. Lo siguiente se extrae de la "LEY DE LA SBA" (en caso de duda refiérase al documento completo).

El "Administrador" que se menciona varias veces, para aclaración, se refiere al Administrador de la SBA. Sec. 3(a) (1) Para los efectos de esta Ley, se considera que un negocio pequeño si es de propiedad independiente y operado de la misma forma y no es dominante en su campo de operación. Dicho campo puede ser en el ramo de producción de alimentos y fibras, ranchería y ganadería, acuacultura, y todas las otras industrias relacionadas con haciendas y la agricultura, sin limitarse a estas. A menos que hubiera otra estipulación legal, una empresa agrícola se considera un negocio pequeño si tiene ingresos anuales no mayores de $500,000 incluyendo sus sucursales.

Establecimiento De Las Normas De Tamaño En General: Además de los criterios especificados en el párrafo (1), el Administrador puede especificar definiciones o estándares detallados por las cuales se puede determinar si un negocio clasifica como negocio pequeño para los propósitos de esta Ley o de cualquier otra Ley. (B) CRITERIOS ADICIONALES: Las normas descritas en el párrafo (1) pueden utilizar el número de empleados, el volumen en dólares del negocio, el valor neto, los ingresos netos, una combinación de estos, u otros factores apropiados. (C) REQUISITOS: A menos que esté específicamente autorizado por un estatuto, ninguna agencia o departamento federal puede prescribir un estándar en el tamaño para clasificar un negocio como pequeño, excepto, si el estándar de tamaño propuesto:

 (i) es propuesto después de dar una oportunidad para notificación y comentario público:
 (ii) determina:

(I) el tamaño de un negocio de manufactura, medido por el empleo promedio del negocio de manufactura basado en el empleo durante cada uno de los períodos de pago del negocio en los 12 meses anteriores;

(II) el tamaño de un negocio que proporciona servicios basado en el promedio anual de ingresos brutos del negocio durante un período de no menos de tres años;

(III) el tamaño de otros negocios basados en información de un período de no menos de tres años u

(IV) otros factores apropiados; y

(iii) es aprobado por el Administrador

33.¿Proporciona la SBA subsidios (donativos)

No. La SBA NO otorga donativos o subsidios para iniciar o expanidir un negocio. La SBA ofrece varios servicios de préstamos que se describen aquí. Para información sobre subsidios (donativos) y recursos, vea la página de la SBA sobre donativos: http://www.sba.gov/expanding/grants.html

34.¿Cómo sé si califico como pequeño negocio para poder recibir asistencia de la SBA?

Aproximadamente el 95% de todos los negocios son elegibles para asistencia de la SBA. Los estándares de tamaño varían dependiendo de la industria, sin embargo, por regla general, su negocio está dentro de los límites de tamaño si esta en la manufactura o ventas al mayoreo con menos de 100 empleados o en ventas al menudeo o el sector de servicios con ventas anuales menores a $5,000.000. Para más información sobre los estándares de tamaño, llame a lasOficinas de Estándares de Tamaño al (202) 205-6618.

35. ¿Hay alguna restricción en el tipo de negocio que puede recibir préstamos de la SBA?

Lea la información acerca de los préstamos de la SBA antes de acudir con un prestamista. Lleve los documentos necesarios y prepárese a contestar preguntas sobre su compañía. Una presentación bien hecha y organizada será un factor importante en la entrevista que solicita.

36. ¿Tengo que ser rechazado por un banco?

No, no tiene que ser rechazado por un banco para obtener un préstamo garantizado por la SBA.

37¿Cuál es la tasa de interés?

Las tasas de interés garantizadas por la SBA son negociadas entre el prestamista y el que recibe el préstamo (prestatario). Los intereses son variables y no pueden exceder 2.75 por ciento sobre de la tasa primaria de Nueva York. Intereses un poco mayores se pueden cobrar en préstamos menores de $50,000.

38. ¿Cuáles son los límites de los préstamos?

La SBA no tiene préstamos mínimos. Muchos prestamistas prefieren procesar préstamos de menos de $100,00 bajo el programa de Préstamo Simplificado [*LowDoc Program*]. La cantidad máxima que la SBA puede garantizar es de $750,000.

39.¿Cuánto dinero debo tener para calificar para un préstamos de la SBA?

Generalmente, la contribución de capital que un solicitante de préstamo debe tener es de una quinta parte del total del costo del proyecto.

40. ¿Cuánto se tarda obtener el préstamo?

Una decisión de crédito en un paquete de préstamo completo toma diez días hábiles después que ha sido recibido por la SBA, sin incluir el tiempo de procesamiento del banco. Esto asume que el prestamista y el prestatario han sometido toda la información necesaria para procesar el préstamo.

41. ¿Dónde puedo obtener una solicitud de préstamo?

Los formularios para préstamos de la SBA están disponibles con los prestamistas participantes, quienes también le proveerán información sobre los documentos requeridos por el banco así como por la SBA.

42. ¿Califico como pequeño negocio?

Usted puede determinar si califica como "pequeño" negocio usando el Sistema de Clasificación de la Industria de América del Norte (NAICS por las siglas en inglés de North American Industry Classification System) o la tabla de Clasificación de los Estándares Industriales (SIC por las siglas en inglés de Standard Industry Classification). Simplemente escriba la descripción de su negocio, NAICS o SIC (si lo conoce). Entonces use la tabla de resultados para localizar su producto o servicio y vea los estándares de tamaño para su tipo de negocio.

43.¿Cómo incorporo mi negocio?

Una vez que ha tomado la decisión de incorporar su negocio, el proceso legal comienza con la preparación del certificado de incorporación. Aunque en el pasado esto era preparado por tres o más individuos legalmente calificados – en la actualidad, sólo se necesita una persona para que haga la incorporación. La persona que haga la incorporación puede o no ser accionista. El estado puede que tenga un formulario estándar para incorporar un negocio pequeño. Generalmente se requiere tres tipos de información para incorporar un negocio pequeño. Los tres tipos de información son: nombre, propósito y periódo de vida de la corporación.

Normalmente el nombre de la corporación se requiere que sea diferente de cualquier otro negocio incorporado en el estado. Además el nombre no deberá ser engañoso. El oficial encargado le podrá decir si el nombre que usted desea esta disponible. Se describirá el propósito del negocio. Es una buena costumbre usa una "cláusula específica" que describa el propósito específico por lo cual la corporación se ha formado.

Mientras la mayoría de las corporaciones se forman por un periodo indefinido, es posible establecer un límite específico de tiempo. Con frecuencia la razón para crear una corporación es porque el periodo de vida del negocio es ilimitado. Los documentos de incorporación que se requerirán son: el nombre y dirección de la persona que está haciendo la incorporación; dirección de la oficina de la corporación inscrita en el estado; la cantidad máxima y tipo de capital accionario que se invertirá a la hora de la incorporación; una estipulación de derechos de propiedad; una estipulación que regule los negocios internacionales de la corporación; nombres y direcciones de los directores de la corporación hasta la primera junta de los accionistas; y el derecho de enmienda o la provisión de revocar con el certificado de incorporación. Los requerimientos antes mencionados cubren la incorporación como una "Corporación C" o "Corporación Sub-Capítulo S". Sin embargo la Corporación Sub-capitulo S tiene varios requisitos adicionales para su incorporación tales como: ser un grupo independiente no afiliado con ninguno otro, pudieran tener una sola clase de acciones; no más de 35 accionistas y pudieran ser individuos o fiduciarias como accionistas; y tiene que ser una corporación doméstica. Antes de firmar documentos legales, consulte con su abogado para asesoría legal. También visite nuestra área de nombres comerciales, licencias e incorporaciones.

44 ¿Ofrece la SBA subsidios para comenzar un negocio?

Los subsidios limitados que la SBA otorga están generalmente diseñados para expandir y mejorar con asistencia técnica a pequeños negocios existentes. El programa de subsidios de la SBA generalmente apoya a organizaciones no lucrativas, instituciones intermediarias de préstamos, y gobiernos estatales y locales en su esfuerzo para expandir y mejorar la asistencia técnica y financiera a los pequeños negocios. Visite la página de Subsidios de la SBA en inglés.

45 ¿Cómo me certifico para los programas especiales de la SBA?

Los programas de certificación pueden ayudarle a promover su negocio tanto a grandes compañías como al gobierno. Hay tres programas principales de certificación: el Programa de Negocios Pequeños en Desventaja (SDB), el Programa de Desarrollo Empresarial 8(a), y el Programa de Zonas Subutilizadas (HUBZone). El Programa de Certificación de Negocios Pequeños en Desventaja (SDB está diseñado para tratar a las pequeñas compañías equitativamente y darles la posibilidad de conseguir negocios tanto en el sector público como el privado. Una vez que se ha certificado como Negocio Pequeño en Desventaja, será elegible para ciertos beneficios en la obtención de contratos. El Programa de Desarrollo Empresarial 8(a) de la SBA es una iniciativa que ayuda a las pequeñas empresas en desventaja a competir en la economía americana. La participación en el programa está dividida en dos etapas. La etapa de desarrollo está diseñada para ayudar a las compañías certificadas en el programa de desarrollo empresarial 8(a) a superar su desventaja económica proveyéndoles asistencia empresarial personalizada para expandir su negocio y fomentar importantes relaciones empresariales. La etapa de transición esta diseñada para ayudar a los participantes del programa a ser más efectivos para promoverse tanto en el sector privado como en el gubernamental y negociar con aspectos complejos así como prepararlos para el programa posterior de expansión y desarrollo del programa 8(a).

El Programa de Zonas Subutilizadas (HUBZone)está diseñado para estimular el desarrollo económico y crear trabajos en comunidades urbanas y rurales. El programa provee oportunidades de hacer negocios con pequeños negocios ubicados y que tienen empleados en Zonas Históricamente Subutilizadas.

46 ¿Dónde puedo obtener mi licencia de negocios?

Su gobierno local y estatal otorga licencias para hacer negocios. Hemos encontrado varios recursos estatales y locales que le pudieran ayudar (en inglés solamente).

47 ¿Como puedo comprar un negocio y qué tipo de ayuda ofrece la página de la SBA?

La SBA ofrece propiedades en venta mediante la administración de su programa de préstamos. Las propiedades pueden ser comerciales, residenciales, ranchos, maquinaria, equipo, o terrenos.

48 ¿Cómo puedo vender mi negocio?

La SBA ofrece varias publicaciones para ayudar específicamente en esta área. También puede

Requisitos de Comerciantes Con El IRS

Crédito por Ingreso del Trabajo (EITC) - ¿Debo Solicitarlo?

El Crédito por Ingreso del Trabajo (EITC), es un crédito para ciertas personas que trabajan. Usted (o su cónyuge, si presenta declaración conjunta) y cualquier hijo calificado anotado en el Anexo EIC, deberá tener un número de Seguro Social válido.

Infórmese si usted es elegible para recibir el Crédito por Ingreso del Trabajo (Earned Income Tax Credit, EITC) contestando unas preguntas sencillas y proveyendo información básica sobre sus ingresos. El programa le ayudará a determinar su estado civil correcto, para fines de la declaración, determinar si sus hijos llenan los requisitos para ser considerados hijos calificados, y calcular la cantidad del crédito que pudiera recibir. Sin embargo, si ha usted se le denegó el crédito EITC después de 1996 debido a un reclamo negligente o por violación intencional de los reglamentos, usted no puede reclamar el crédito EITC durante los próximos dos años después de habérsele denegado el crédito. Si su error se debió a fraude, usted no podrá reclamar el crédito EITC durantes los próximos diez años posterior a la determinación del fraude.

Propietario Único

Usted es propietario único si es el único dueño de un negocio no incorporado, inclusive una compañía de responsabilidad limitada. Informe sus ingresos y gastos de su negocio propio en el Anexo C de la Forma 1040, *"Profit or Loss from Business"*, (Ganancias o Pérdidas del Negocio), o en el Anexo C-EZ de la Forma 1040, *"Net Profit from Business"*, (Ganancia Neta del Negocio).

Puede usar el Anexo C-EZ para determinar su ganancia neta si sólo tiene un negocio por su cuenta y reúne todos los requisitos indicados en la Parte 1 del Anexo C-EZ. Si puede utilizar el Anexo C-EZ, las entradas brutas de su negocio y el total de los gastos se informan en la Parte II. La diferencia entre las entradas brutas y los gastos totales que usted indica es su ganancia neta. Indique la ganancia neta en su Forma 1040.

Usted no puede utilizar el Anexo C-EZ si los gastos de su negocio fueron más de $5,000, o si su negocio utilizó otro método de contabilidad que no fue a base de efectivo, o dedujo gastos por el uso comercial de su hogar. En éste caso es requerido presentar la Forma 4562, "Depreciation and Amortization" for your Business, (Depreciación y Amortización de su negocio en inglés), o tuvo pérdidas de actividades pasivas de su negocio no permitidas en años anteriores, tuvo empleados, una pérdida o inventario.

Si no puede usar el Anexo C-EZ, debe indicar sus ingresos y gastos de negocio en el Anexo C.

Si es propietario de más de un negocio, o si usted y su cónyuge tienen negocios separados debe usar un Anexo C separado por cada negocio.

Reporte el ingreso de su negocio en la Parte 1 del Anexo C y los gastos en la Parte II. Si usted fabrica o compra artículos para vender, use la Parte III para calcular el costo de los bienes vendidos. La diferencia entre el ingreso total y los gastos totales es su ganancia neta o su pérdida la cual se tomará del Anexo C y se indicará en la Forma 1040.

Históricamente, se requería que el contribuyente utilizara un método de contabilidad con base en lo acumulado con relación a compras o ventas de mercancía, cada vez que el contribuyente rendía cuentas por inventarios. En el Procedimiento de Recaudación 2001-10, y 2001-1 del Boletín del IRS No. 272, y Procedimientos de Recaudación 2002-28 y 2002-1 del Boletín del IRS No. 815, el Comisionado exoneró a algunos contribuyentes calificados, de la necesidad de usar un método de contabilidad con base a lo acumulado y de rendir cuentas por inventarios.

Procedimiento de Recaudación 2001-10 sólo está disponible para el uso de los "contribuyentes elegibles". Un contribuyente elegible

es un contribuyente que (1) tiene un promedio de ingreso bruto anual de $1,000,000 o menos y (2) no es una protección tributaria de acuerdo con la definición en el Código de Impuestos Internos Sección 448(a)(3).

El Procedimiento de Recaudación 2001-10 proporciona procedimientos detallados para determinar si usted satisface la prueba del ingreso bruto medio anual. Revise la Sección 5 del Procedimiento de Recaudación 2001-10 para dichos procedimientos.

El Procedimiento de Recaudación 2002-28 exonera de los impuestos a los contribuyentes, "dueños de pequeños negocios calificados," de los requisitos de utilizar un método de contabilidad en base a lo acumulado y permite el trato de artículos de inventario como material y suministros no imprevistos: Usted es un contribuyente, dueño de un pequeño negocio si su ingreso bruto medio anual es más de $ 1,000,000 pero menos de $10,000,0000 y las actividades principales de su negocio son legítimas. Consulte las secciones 3 y 4 del Procedimiento de Recaudación 2002-28 para los requisitos de elegibilidad. Revise las Secciones 2 y 3 del Procedimiento de Recaudación de Impuestos 2002-28 para los requisitos de elegibilidad

Si usted es un contribuyente elegible bajo el Procedimiento de Recaudación 2001-10 o dueño de un pequeño negocio elegible bajo el Procedimiento de Recaudación 2002-28, puede optar por:

> Usar un método de contabilidad con base en efectivo y tratar sus artículos que puede tomarse en cuenta como inventario de acuerdo con la definición en la Sección 471 del Código de Recaudación de Impuestos.

> Usar un método de contabilidad con base en efectivo y tratar sus artículos que pueden inventariarse como materiales y suministros que no son incidentales de acuerdo con la definición en la Sección No. 1.162-3 del Reglamento de la Tesorería, o Usar un método de contabilidad con

base en lo acumulado y tratar sus artículos que pueden inventariarse como material y suministros que no son incidentales de acuerdo con la definición en la Sección No. 1.162-3 de las Regulaciones de la Tesorería.

También puede seguir la regla histórica, es decir, usar un método de contabildad con base en lo acumulado y tratar a su mercancía que pueda inventariarse como inventario de acuerdo a la definición en la Sección No. 471 del Código de Recaudación de Impuestos.

Tenga en cuenta que los Procedimientos de Recaudación 2001-10 y 2002-28 específicamente disponen cuándo puede usted **deducir** el costo de la mercancía que puede inventariarse y que está siendo tratada como material y suministros no imprevistos de acuerdo con la definición en la Sección No. 162-3 de la Regulación de la Tesorería. En el caso de un contribuyente con método contable con base en lo efectivo, el costo de estos artículos no puede deducirse hasta el año en que (1) usted vende la mercancía o (2) los paga, cualquiera que sea la fecha posterior.

Un contribuyente que desee cambiar al método contable en efectivo o cambiar al método de inventario bajo las normas del Procedimiento de Recaudación 2001-10 o del Procedimiento de Recaudación 2002-28, debe seguir las medidas de los Procedimientos de Recaudación 2002-9, y 2002-1, Boletín del IRS No. 327, modificados y clarificados por Anuncio 2002-17, 2002-1 C.B. 561, y modificado y ampliado por los Procedimientos de Recaudación 2002-19, 2002-1 C.B. 696 y Amplificado y clarificado por los Procedimientos de Recaudación 2002-54 y 2002-2, C. B. 432

Si usted utiliza parte de su hogar en su negocio, deberá presentar la Forma 8829. Expenses for Business Use of your Home. (Gastos de Negocio por el Uso de su Residencia , en inglés). Para más información, consulte la Publicación 587, "Business Use of Your Home, Including Use by Day-Care Providers", [Uso Comercial de Su Residencia,(incluso el uso por Proveedores de Guardería Infantil, en inglés)], o consulte el Tema 509, Uso de su Hogar para Negocio.

El Procedimiento de Recaudación 2003-75, 2003-2 C.B. 1018, agregó una cantidad inclusive para vehículos, maquinaria o equipo alquilados por un término de 30 días o más. Para más información consulte la Publicación 463, Travel, Entertainment, Gift, and Car Expenses, en inglés .

Si el total de sus ingresos netos de todos sus negocios es de $400 o más, debe calcular su impuesto sobre el trabajo por cuenta propia en el Anexo SE de la Forma 1040, Self Employment Tax, (Impuestos Sobre el Trabajo por Cuenta Propia). Para más información, consulte la Publicación 533, "Self-Employment Tax", (Impuesto sobre el Trabajo por Cuenta Propia, en inglés), o consulte el Tema 554, Contribución sobre el Trabajo por Cuenta propia ,Si usted recién empieza en su negocio, quizás desee consultar la Publicación 583, "Starting a Business and Keeping Records",

(Comenzando un Negocio y el Sistema de Archivo, en inglés). La Publicación 334, *"Tax Guide for Small Business"* (Guía Tributaria para Pequeños Negocios, en inglés) tiene más información sobre esos gastos de propietario único de negocio. Consulte el Tema 103, Asistencia de Impuestos a Pequeños Negocios y Empleados por su Cuenta.

Contratista Independiente Vs. Empleado

Para determinar si un empleado es un contratista independiente o un empleado, usted debe examinar la relación entre el trabajador y el negocio. Debe tenerse en cuenta toda evidencia de control e independencia en esta relación. Los hechos que constituyen esta evidencia caen en tres categorías - Control de Comportamiento, Control Financiero y el Tipo de Relación en sí.

El Control de Comportamiento abarca hechos que muestran si el negocio tiene el derecho de dirigir y controlar como el negocio se lleva a cabo, a través de instrucción, capacitación u otros medios.

Control Financiero abarca hechos que muestran si el negocio tiene el derecho de controlar los aspectos financieros comerciales del trabajo del empleado. Esto incluye:

- El grado al cual el trabajador tiene gastos de negocio no-reembolsables

- El grado de inversiones del trabajador en las facilidades del negocio utilizadas para efectuar los servicios.

- El grado al cual el trabajador ofrece servicios al mercado pertinente,

- Cómo el negocio le paga al trabajador; y

- El grado al cual el trabajador puede realizar una ganancia o incurrir una pérdida.

Los hechos cubiertos por el *Tipo de Relación* incluyen:

- Contratos escritos que describen la relación que las partes tienen la intención de crear.

- El grado al cual el trabajador está disponible para rendir servicios para otros negocios similares,

- Si el negocio le ofrece al trabajador beneficios de empleado, tales como seguro, un plan de jubilación, pago por vacaciones o compensación por enfermedad, y

- El carácter permanente de la relación y

- El grado al cual los servicios prestados por el trabajador, son la clave de las actividades de la compañía.

Para más información, consulte la Publicación 15-A, *"Employer's Supplemental Tax Guide",* (Guía Tributaria Suplementaria del Empleador). Si usted desea que el IRS determine si un individuo es un contratista independiente o un empleado, presente la Forma SS-8.

Cumpliendo con la ley de Impuestos Patronales

Requisitos de Impuestos Patronales

Los patronos están obligados por ley a retener impuestos patronales de sus empleados. Los impuestos patronales incluyen:

- Retención de impuestos federales

- Contribuciones al seguro social y Medicare

Los impuestos por concepto de ingresos son "pagados según son devengados". Usted tiene que pagar impuestos según recibe ingresos durante el año. Para la mayoría de los empleados, esto se hace mediante la retención de impuestos de su cheque salarial. Las personas que poseen negocio propio también están obligadas a realizar el pago de impuestos estimados durante el año. El sistema de pagar impuestos según se devengan los ingresos fue diseñado para asegurarse que los contribuyentes puedan satisfacer sus obligaciones contributivas a tiempo.

Las contribuciones al concepto de seguro social y Medicare se usan para pagar por los beneficios que los trabajadores y sus familias reciben bajo la Ley de la Contribución Federal al Seguro Social (Federal Insurance Contributions Act, FICA por sus siglas en inglés). Las contribuciones al seguro social pagan los beneficios de edad avanzada, a sobrevivientes, y parte del seguro por incapacidad de FICA. Las contribuciones al Medicare pagan por los beneficios de hospital. Cada empleado aporta parte de estos impuestos y el patrono aporta una cantidad igual. Los contribuyentes con negocio propio también tienen la obligación de pagar las contribuciones al seguro social y Medicare, pagando impuestos sobre su ingreso por cuenta propia. Los programas que reciben fondos de los impuestos patronales proveen beneficios esenciales a muchos ciudadanos. La importancia de estos programas continuará creciendo a la vez que más ciudadanos se acercan a la edad de retiro o jubilación. La contribución bajo la Ley Federal de Impuestos De Contribución para el Desempleo (Federal Unemployment Tax Act, FUTA por sus siglas en inglés), en conjunto con los sistemas de desempleo estatales, provee el pago de compensación por concepto de desempleo a los trabajadores que han perdido sus empleos.

Responsabilidades del Patrono y del Empleado – Cumpliendo con los Impuestos Patronales

Tanto el patrono como el empleado tienen la responsabilidad de colectar y remitir los impuestos retenidos al IRS. En la mayoría de los casos, el patrono retiene los impuestos a los empleados, pero en caso de que el patrono no haga la retención contributiva, o el individuo trabaja por cuenta propia, el empleado tiene la responsabilidad de colectar y pagar los impuestos.

Responsabilidad del Patrono

Los patronos tienen la obligación de reportar los ingresos y los impuestos patronales retenidos a sus empleados mediante una Planilla para la Declaración Trimestral del Patrono (Forma 941) y depositar esos impuestos en una cuenta bancaria autorizada de acuerdo a los Requisitos Para Depositar Impuestos Federales. Los patronos también tienen la responsabilidad de presentar anualmente la declaración de FUTA y depositar esos impuestos. Los patronos que no cumplen con las leyes de impuestos patronales están sujetos a sanciones civiles y criminales por no pagar los impuestos patronales intencionalmente.

Responsabilidad del Empleado

Los empleados a quienes no se les retienen impuestos, ni los envían personalmente, aun así, son responsables por el pago de esos impuestos y quizás no calificarían para recibir los beneficios de Seguro Social, Medicare, o seguro por concepto de desempleo.

Los empleados que creen que su patrono les está reteniendo de manera inapropiada o creen no les esta reteniendo los impuestos federales sobre el ingreso e impuestos patronales, deben reportar al empleador al IRS comunicándose al número libre de cargos 1-800-829-1040. En aquellos casos donde el patrono hizo las retenciones patronales pero no las depositó, o no preparó la Forma W-2, el empleado debe comunicarse con su patrono y solicitar la Forma W-2 al patrono. Si el empleado no puede obtener una Forma W-2 de parte del patrono, entonces el empleado debe completar la Forma 4852 "Sustituto de la Forma W-2", y debe someterla con la declaración de impuestos federales utilizando la información más precisa disponible para calcular sus ingresos y su retención patronal. Esta información frecuentemente se puede obtener de los talonarios de cheques de salario.

Además, si el patrono rehúsa retener los impuestos patronales del salario y el IRS no puede cobrar los impuestos del patrono, el empleado sigue siendo la persona responsable por pagar el impuesto sobre ingreso, y también es responsable de su porción de impuestos FICA.

La Evasión de Impuestos Patronales Tiene un Precio

El evadir impuestos patronales podría tener serias consecuencias tanto para el patrono como para el empleado. Los patronos podrían estar sujetos a sanciones civiles y criminales por no pagar los impuestos patronales intencionalmente. Los empleados sufrirán el no calificar para recibir beneficios de Seguro Social, Medicare, o desempleo, cuando los patronos no reportan o pagan los impuestos patronales y de desempleo. Como consecuencia, los impuestos retenidos y pagados por aquellos patronos que si cumplieron con su obligación contributiva, son usados para pagar reembolsos y beneficios del Seguro Social para empleados a quien sus patronos no les retuvieron ni no pagaron los impuestos.

Plan de Evasión de Impuestos Patronales

Los planes de evasión de impuestos patronales son variados. Algunos de los métodos más comunes incluyen pirámides; la subcontratación de empleados, el pago a los empleados en efectivo, presentar declaraciones de impuesto patronal falsas, o no presentar declaración patronal.

Monopolio Financiero Piramidal

"Monopolio financiero piramidal" de impuestos patronales es una práctica fraudulenta en la cual un negocio hace las deducciones patronales a sus empleados, pero intencionalmente rehúsa remitir los pagos al IRS. Los negocios involucrados en esta actividad frecuentemente se declaran en bancarrota y de esa manera se deshacen de la responsabilidad financiera y empiezan un nuevo negocio bajo un nombre diferente, y comienzan un nuevo plan abusivo.

Alquiler de Empleo

El alquiler de empleo es otra práctica legal que ocasionalmente se utiliza para cometer abusos tributarios. Alquiler de Empleo es un método utilizado por algunos negocios para contratar personal que desempeñe los trabajos administrativos, de personal, y de nómina para sus empleados. En algunos casos, las compañías de alquiler de empleos no le pagan al IRS ninguna porción de los impuestos patronales que les retuvieron a sus empleados. Estos impuestos usualmente son gastados por los dueños para saldar gastos del negocio o gastos personales. A menudo la compañía se disuelve, dejando millones de dólares en impuestos patronales sin pagar.

Pagos a Empleados en Efectivo

El hacer pagos a los empleados parciales o totalmente en efectivo es un método común para evadir impuestos patronales el cual tiene como resultado grandes pérdidas de ingreso al gobierno, a la vez que genera una pérdida o reducción en los beneficios futuros del seguro social y Medicare del empleado.

Presentación de Declaraciones de Nómina Falsas o Evadiendo el Presentar Declaraciones de Impuestos de Nómina

El preparar declaraciones de impuestos de nómina falsas, reduciendo los salarios sujetos a impuesto, o el no presentar declaraciones patronales son métodos comunes utilizados para evadir el pago de impuestos patronales.

Dónde, Cuándo Y Cómo Presentar La Forma W-2

Es su responsabilidad como empleador presentar las Formas W-2, *"Wage and Tax Statement"*, (Declaración de Sueldos e

Impuestos) a la Administración del Seguro Social para sus empleados, mostrando los sueldos pagados y los impuestos retenidos durante el año. Ya que la Forma W-2 es el único documento utilizado para transmitir información sobre los sueldos de sus empleados sujetos al impuesto del Seguro Social y Medicare por el año, es muy importante preparar las formas correcta y a tiempo.

Hay instrucciones separadas para las Formas W-2 y W-3. Use la Forma W-3 *"Transmittal of Wage and Tax Statements"*, (Hoja de Transmisión de Informe de Salarios e Impuestos), como hoja de cobertura para presentar una o más Formas W-2 a la Administración del Seguro Social. Asegúrese de ordenar Formas W-3 cuando ordene las Formas W-2. Si tiene preguntas en particular sobre alguna casilla de las Formas W-2 o W-3, consulte las instrucciones, las cuales proporcionan una explicación detallada de cada casilla. A continuación presentamos detalles importantes de recordar al preparar la Forma W-2:

1) Escriba en máquina todas las partidas usando tinta negra y, de ser posible, tipo de 12 puntos, estilo "courier".

2) No escriba signos de dólar o comas, pero sí use puntos decimales seguidos por centavos (o ceros cuando no hay centavos).

3) Por favor no borre, tache o cubra con tinta blanca. La Copia A, o sea la primera página, debe estar libre de errores. Si usted se equivoca en la forma, coloque una "X" en la casilla "VOID", ("Nula"), continúe con la siguiente Forma W-2 y vuelva a empezar. No marque la siguiente W-2 como corregida.

4) La Forma W-2 está impresa con dos formas por página. Envíe la página entera de la Copia A (la página impresa con tinta roja) aunque una forma esté en blanco o inválida. No corte ni doble la página, ni grape las Formas W-2 ni la adjunte a la Forma W-3.

La Forma W-2 oficial tiene 6 copias. La Copia A debe enviarse a la Administración del Seguro Social con la forma de transmisión W-3 para el último día del año en curso. La Forma W-3 se usa para transmitir las Formas W-2 y contiene cifras que reflejan el total de las casillas de todas las Formas W-2 que se envían. La dirección para enviar la Copia A de las Formas W-2 y las W-3 aparece en las Instrucciones para las Formas W-2 y W-3 que vienen por separado.

Retenga la Copia D de la Forma W-2 para sus registros. Envíe la Copia 1 al Departamento de Impuestos del Estado. Pida a ese Departamento sus requisitos así como la manera de transmitirle la W-2. Usted debe entregar las copias restantes al empleado para el 31 de enero del año en curso. Si un empleado deja de trabajar para usted antes del fin del año, debe darle a él o ella (su ex-empleado) la Forma W-2 en cualquier momento antes del 31 de enero a menos que le solicite la Forma W-2 antes del fin de año. Si el empleado le solicita la Forma W-2, usted debe darle las Copias B, C, y 2 al empleado dentro de los 30 días de la fecha de la solicitud o de los 30 días de la fecha del último pago salarial, cualquiera que sea la más tarde.

Los totales de las cantidades informadas en las formas relacionadas, es decir las Formas 941, 943 o el Anexo H de la Forma 1040 para el año, deben sumar los mismos totales declarados en su Forma W-2. Si los totales no están de acuerdo, por lo general usted debe corregirlos. Si usted descubre un error en una Forma W-2 de un empleado, después de enviarla a la Administración del Seguro Social, usted debe someter una Forma W-2c *Corrected Wage and Tax Statement* (Declaración Corregida de Sueldos e Impuestos). También debe someter una Forma W-3c de transmisión con cualquier Forma W-2c.

Todos los empleadores pueden presentar la Forma W-2 usando medios magnéticos o electrónicos. Sin embargo, los empleadores que presenten 250 o más Formas W-2 tienen que reportar usando medios magnéticos (o electrónicos) a menos que reciban una derogación del IRS. Para más información sobre los medios magnéticos o electrónicos para presentar, consulte los temas 801, 802, 803, 804, y 805. Además, con una computadora personal y un módem, usted puede obtener más información acerca de cómo presentar la Forma W-2 usando medio electrónicos o magnéticos consultando los Servicios Especializados en Línea, Business Service On Line, BSO, de la Oficina del Seguro Social. Puede tener acceso al Servicio Especializado en Línea (BSO), visitando la página en Internet www.socialsecurity.gov/employer. También puede obtener las especificaciones para medios magnéticos o electrónicos comunicándose con un Oficial de Enlace para servicios de Empleadores de la Oficina de la Administración del Seguro Social, llamando al 1-800-722-6270.

Quizás también desee consultar la Publicación 15, *"Circular E, Employer's Tax Guide", (Guía Tributaria del Empleador) y la* Publicación 15-A, *"Employers Supplementary Tax Guide",* (Guía Tributaria Suplementaria para el Empleador) y la Publicación 393, *"Federal Employment Tax Forms",* (Formas Federales Tributarias para el Empleador).

Forma 941-Requisitos De Depósito

La obligación tributaria en una declaración con la Forma 941, *"Employers Quarterly Federal Tax Return",* (Declaración Trimestral de Impuestos Patronales) incluye la retención del impuesto federal sobre el ingreso de sus empleados, las contribuciones al Seguro Social y a Medicare de su empleado y la porción de las contribuciones al Seguro Social y a Medicare. Si usted acumula una obligación de éstos impuestos de menos de $ 2,500 por trimestre, puede someter el pago del impuesto por pagar con la presentación a tiempo de su declaración. Pero, si usted acumula una obligación de estos impuestos de $ 2,500 o más por trimestre, deberá depositar ésta cantidad mediante el pago a una institución financiera autorizada. Los depósitos se hacen ya sea mediante el Sistema Electrónico de Pago del Impuesto Federal, (Electronic Federal Tax Payment System), abreviado (EFTPS) si así se requiere, o usando la Forma 8109 *"Federal Tax Deposit Coupon"* (Cupón para Depositar el Impuesto Federal), la cual debe acompañar su pago. Si usted utiliza el cupón, es muy importante que muestre el número correcto de identificación patronal, su nombre, y el tipo y período del impuesto, ya que esta información la utiliza el IRS para acreditar su cuenta. Su cheque o giro postal debe ser pagadero a la institución financiera donde usted hace su depósito, no al IRS.

Los nuevos empleadores que solicitan un número de identificación patronal reciben un libro de cupones para depósito del impuesto federal (FTD). El IRS tomará nota del número de cupones que usted utiliza y automáticamente le enviará cupones FTD adicionales a medida que los necesite. De ser necesario, el IRS lo ayudará a completar los cupones en blanco, los cuales pueden servir para efectuar un depósito si usted no tiene la Forma 8109 pre-impresa. Para más información, llame al IRS al 1-800-829-4933.

Usted tiene que depositar los impuestos de la Forma 941 en base a un programa de depósitos ya sea mensual o de dos veces por semana. El programa que use para el año calendario actual está basado en el total de impuestos que usted reportó en la Forma 941 para los cuatro trimestres en su periodo retroactivo. Para obtener más detalles sobre su periodo retroactivo consulte el Capítulo 11 de la Publicación 15.

Si usted reportó impuestos de $50,000 o menos en la F-941 por el período de referencia, usted deposita mensualmente, y por lo general debe depositar los impuestos en la F-941 cada mes en o antes del día quince del mes siguiente. Por ejemplo, los impuestos por enero deben depositarse para el 15 de febrero.

Si usted reportó impuestos de más de $50,000 para el período en retroactivo, usted es un depositante con base a un programa bi-semanal, y por lo general las fechas de depósito caen en miércoles y viernes, según el programa siguiente:

    1) Los impuestos patronales sobre los pagos que usted hace a sus empleados los miércoles, jueves, y/o viernes deben depositarse el miércoles siguiente.

    2) Los impuestos sobre pagos hechos a sus empleados en sábado, domingo, lunes y/o martes, deben depositarse el viernes siguiente.

Los que depositan dos veces por semana tienen por lo menos 3 días bancarios para hacer el depósito. Si cualquiera de los tres días de la semana después del final de un período bi-semanal es feriado y los bancos están cerrados, usted tendrá un día adicional para efectuar el depósito.

Ya sea que usted deposite mensualmente o dos veces por semana, si usted acumula impuestos de $100,000 o más para cualquier día durante un período de depósito, debe depositarlos el siguiente día bancario. Si esta regla de depósito de $100,000 se aplica y deposita mensualmente, usted ahora deberá depositar dos veces por semanapor el resto del año en curso y para el siguiente año calendario.

Si la fecha de depósito cae en sábado, domingo o en un día feriado legal, el depósito se considerará a tiempo si se hace al siguiente día bancario.

Si usted es un empleador nuevo, sus impuestos en el período retroactivo se consideran ser cero para cualquier trimestre en que su negoció no existió. Por lo tanto, en el primer año de negocio usted es un depositante con programa mensual a menos que se aplique la regla del depósito de $100,000 al día siguiente. Se aplicarán multas por depositar tarde, o por enviar pagos por correo directamente al IRS que deberán ser depositados, a menos que tenga causa razonable para hacerlo.

Usted debe efectuar depósitos electrónicos utilizando EFTPS para todas las obligaciones de impuestos depositarios para el año en curso si usted hizo más de $200,000 en depósitos acumulados para todo tipo de impuesto federal depositario en el año, dos años antes del año en curso o si se le requirió hacer depósitos electrónicos en el año anterior. Si está obligado a hacer depósitos electrónicos a través de EFTPS y no lo hace, o si hace su depósito utilizando un cupón de papel Forma 8109, podrá estar sujeto a una multa del 10%. Consulte el Capítulo 11 de la Publicación 15 para obtener las reglas del depósito de Impuestos.

Aunque usted no tenga que hacer depósitos electrónicos, puede participar voluntariamente en EFTPS. Para inscribirse en EFTPS, llame al 1-800-945-8400 o al 1-800-555-4477, o para inscribirse por Internet, visite www.eftps.gov. Para información general sobre EFTPS, llame al 1-800-829-1040 para Impuesto Personal o al 1-800-829-4933 para Impuesto de Negocio.

Consulte la Publicación 966 para información sobre el Sistema Electrónico de Pago del Impuesto Federal y la Publicación 15," *Circular E, Employer's Tax Guide* Circular E" (Guía Tributaria del Empleador), para requisitos de depósito.

Uso Del Automóvil Para Fines De Negocio

Si usted usa su automóvil en el trabajo o negocio y sólo lo usa para ese propósito, puede deducir el costo total de su operación (sujeto a límites discutidos más adelante). Pero, si usa su automóvil para fines de negocio y personales, puede deducir sólo el costo de su uso para negocio.

Por lo general, usted puede calcular el total de los gastos deducibles de su automóvil usando uno de dos métodos: el método de millaje estándar o el método de gastos en efectivo. Si usted califica para usar ambos métodos, antes de escoger uno, posiblemente quiera calcular su deducción de las dos maneras para ver cuál le da una deducción mayor. Consulte la Publicación 463, Travel, Entertainment, Gift and Car Expense para obtener la tasa estándar de millaje. Si usted usa la tasa del millaje estándar, puede añadir a su deducción cualquier gasto de estacionamiento o peaje incurrido para fines de negocio.

Para usar la tasa de millaje estándar, usted debe ser dueño del automóvil o arrendarlo: el automóvil no debe usarse para contratarlo, por ejemplo, como taxi; usted no debe operar cinco o más carros a la vez, como en el caso de operar una flota de automóviles, y usted no debe haber reclamado una deducción por depreciación usando MACRS (Sistema Modificado de Recuperación Acelerada de Costo) para el automóvil en un año anterior; o cualquier otro método que no sea el de depreciación en línea recta por el estimado de la duración de su utilidad, no debió haber reclamado una deducción bajo la Sección 179 por el automóvil; o la depreciación especial permitida, y no debió haber reclamado gastos en efectivo después de 1997 para un automóvil que arrendó. No puede usar la tasa de millaje estándar si usted es un cartero rural que recibe un "reembolso elegible".

Además, para usar la tasa de millaje estándar para un automóvil del cual es dueño, usted debe optar por usarlo en el primer año en que el automóvil está disponible para uso en su negocio. Luego, en años posteriores puede optar por usar la tasa de millaje estándar o los gastos reales.

Sin embargo, para un automóvil arrendado, hay que usar el método de millaje estándar por todo el período del contrato de arrendamiento. Para contratos de arrendamiento que comienzan en o antes del 31 de diciembre de 1997, debe usarse el millaje estándar por todo el período del contrato de arrendamiento, (incluyendo extensiones) efectivas después de 1997.

Para usar el método de gastos reales, usted debe determinar lo que realmente le costó operar el automóvil para fines de negocio. Esto incluye gasolina, aceite, reparaciones, llantas, seguro, derechos de matrícula, licencias y depreciación (o pagos de arriendo) atribuibles a las millas transitadas por el negocio. Otros gastos de automóvil para alquiler de estacionamiento y de tarifas atribuibles al uso del negocio se deducen por separado, ya sea que use el millaje estándar o los gastos reales.

Por lo general, el Sistema Modificado de Recuperación Acelerada de Costos (MACRS) es el único método de depreciación que puede ser usado por los dueños de automóviles para amortizar cualquier automóvil puesto en servicio después de 1986. Sin embargo, si usted usa la tasa de millaje estándar en el año en que coloca el automóvil en servicio, y cambia al método de gastos reales en un año posterior y antes de que su automóvil esté completamente amortizado, usted deberá usar la depreciación lineal por el tiempo estimado de uso útil que le queda a su automóvil. Hay límites sobre cuanta depreciación se puede deducir

Para más información sobre los límites en la depreciación, por favor consulte el Tema 704. La <u>Publicación 463</u>, *"Travel, Entertainment, Gift and Car Expenses"*, (Gastos de Viaje, Entretenimiento, Regalos y Automóviles), éste explica los límites de depreciación y discute las reglas especiales aplicables a los automóviles arrendados. .

La ley requiere que usted compruebe sus gastos mediante registros adecuados o suficiente evidencia para apoyar su propia declaración. Para más información sobre el mantenimiento de registros, consulte el <u>Tema 305</u>.

Si usted es empleado cuyos gastos deducibles de negocio son totalmente reembolsables mediante un plan de rendición de cuentas que satisface las tres reglas del plan de rendición de cuentas, el reembolso no debe incluirse como sueldo en su <u>Forma W-2</u>, y usted no debe deducir los gastos.

Si su empleador usa un plan no basado en rendición de cuentas para reembolsarle los gastos, los reembolsos deben incluirse en su salario. Su empleador combinará la cantidad de cualquier reembolso u otra concesión de gastos pagada a usted bajo un plan no basado en rendición de cuentas, como su sueldo, salario u otra compensación, e informará el total en su <u>Forma W-2</u>. Sus gastos de negocio como empleado pueden ser deducibles como una deducción detallada. Para una definición de Planes a Base de Rendición de Cuentas y Planes no Basados en Rendición de Cuentas, consulte la Publicación 463, y el Tema 514.

Generalmente, si usted es un empleado, para deducir sus gastos de automóvil, incluyendo gastos que exceden el reembolso bajo un plan de rendición de cuentas, debe llenar la Forma 2106 o Forma 2106-EZ y detallar sus deducciones en el Anexo A de la Forma 1040. Sus gastos estarán sujetos al 2% del ingreso bruto ajustado. Consulte el Tema 508 para información sobre el límite del 2%. Si usted trabaja por cuenta propia, los gastos de automóvil son deducibles en el Anexo C o C-EZ de la Forma 1040, o si usted es agricultor, en el Anexo F de la Forma 1040,.

Gastos De Entretenimiento Para Fines De Negocio

Los gastos de entretenimiento que son tanto ordinarios como necesarios al llevar una ocupación o negocio posiblemente sean deducibles si satisfacen una de las dos pruebas siguientes:

1. la prueba de relación directa o

2. la prueba de asociación.

Para satisfacer la prueba de la relación directa bajo la regla general debe mostrar que:

1. Usted esperaba, más de una manera en general, recibir ingresos o algún otro beneficio de negocio en el futuro;

2. Se comprometió a un negocio con la persona a la que entretuvo durante el tiempo del entretenimiento;

3. El propósito principal del entretenimiento era conducir una actividad de negocio;

4. El gasto fue distribuido entre el contribuyente y la persona con quien el contribuyente condujo negocios durante el entretenimiento o con quién el contribuyente hubiera conducido negocios (si no hubiera sido por las circunstancias más allá del control del contribuyente).

También podrá satisfacer la prueba de relación directa mostrando que los gastos de entretenimiento que ocurrieron en un ambiente de negocio con la intención directa de conducir su negocio u ocupación, ya sea directa o indirectamente con alguien (otro que no sea su empleado) como compensación por sus servicios; o que el gasto fue pagado como premio o concesión lo cual requiere se incluya como ingreso bruto del recipiente.Un gasto no está directamente relacionado bajo las circunstancias en las cuales existe poca o ninguna obligación de conducir actividades de negocio.

Para que los gastos de entretenimiento puedan satisfacer la prueba de asociación, debe mostrar que el entretenimiento estuvo asociado a la conducción activa de su ocupación o negocio y directamente procedida o acompañada de una discusión substancial de negocio legítimo (bona fide).

Debe tener expedientes que comprueben el propósito de su negocio (bajo la prueba de aplicación) y la cantidad de cada uno de los gastos, la fecha y el lugar de entretenimiento y la relación de negocios de las personas entretenidas. Para más información sobre el sistema de archivos, consulte el tema 305.

Generalmente, solo el 50% de los gastos en alimentos de entretenimiento son permitidos como deducción. Para informarse de la excepciones del límite del 50%, consulte la Publicación 463, Travel, Entertainment, Gift and Car Expenses, (Viajes, Entretenimiento, Regalos y Gastos de Automóvil).

El entretenimiento incluye en general cualquier actividad considerada para proporcionar el entretenimiento, diversión o recreación. Esto incluye el entretenimiento en clubes nocturnos, eventos sociales y deportivos, el teatro, clubes atléticos, en yates o de vacaciones de cacería o pesca y viajes similares. El costo de una comida que usted ofrece a un cliente es deducible como entretenimiento (sujeto a la limitación del 50%) únicamente si usted o su empleado están presentes cuando la comida o la bebida son proporcionadas.

Ninguna de las cuotas de membresía que usted paga en cualquier club organizado para negocios, placer, recreación u otro propósito social es deducible si uno de los propósitos principales del club es el de conducir actividades de entretenimiento o proporcionar acceso a las facilidades de entretenimiento para los miembros o sus invitados.Además, no se permite ninguna deducción para gastos operativos incurridos con respecto a los servicios usados en conexión con el entretenimiento, (como son, yates, cabañas de cazadores, campamentos de pesca y piscinas).

Si usted es un empleado cuyos gastos deducibles de entretenimiento por negocio son totalmente reembolsables bajo un plan de rendición de cuentas que cumple los tres reglamentos del plan, el reembolso no puede ser incluido en su salario en la Forma W-2 y no deberá deducir los gastos. Si usted no es reembolsado bajo un plan de rendición de cuentas, o sus gastos exceden el reembolso que recibió bajo un plan de rendición de cuentas, use la Forma 2106, o si reúne las condiciones, use la Forma 2106-EZ para reportar los gastos de entretenimiento de negocio. Éstos gastos, incluyendo los gastos que exceden el reembolso bajo el plan de rendición de cuentas, son llevados al Anexo A de la Forma 1040, y generalmente están sujetos al límite del 2% del ingreso bruto ajustado. Consulte el Tema 508 para más información sobre el límite del 2% y el Tema 305 para más información sobre los requisitos para el mantenimiento de archivos, y la Publicación 463 para la definición de los planes de rendición y no rendición de cuentas. Si usted trabaja por su cuenta, use el Anexo C- o C-EZ de la Forma 1040, o, si es agricultor, el Anexo F de la Forma 1040 para deducir éstos gastos.

Gastos De Viajes De Negocio

Los gastos de viaje son aquellos gastos ordinarios y necesarios para trasladarse de su hogar por motivo de negocio, profesión o trabajo. Por lo general, los empleados deducen estos gastos usando la Forma 2106 o la Forma 2106-EZ y el Anexo A de la Forma 1040. Usted no puede deducir gastos que sean suntuosos o extravagantes o por motivos personales.

Usted viaja lejos de su hogar si sus deberes requieren que usted esté lejos de la zona general de su domicilio tributario por un período considerablemente más largo que el de un día normal de trabajo, y usted necesita dormir o descansar para cumplir con las exigencias de su trabajo mientras se encuentra lejos.

Por lo general, su domicilio tributario es toda la ciudad o zona general donde se encuentra su lugar principal de negocio o trabajo, sin que importe donde usted mantiene su hogar de familia. Por ejemplo, usted vive con su familia en Chicago pero trabaja en Milwaukee donde se hospeda en un hotel y come en restaurantes. Usted regresa a Chicago cada fin de semana. No puede deducir ninguno de sus viajes, comidas o alojamiento en Milwaukee porque ese es su domicilio tributario. Sus viajes de fin de semana a su residencia en Chicago no son de su trabajo, de modo que éstos gastos tampoco son deducibles. Si usted trabaja regularmente en más de un lugar, su domicilio tributario es la zona general del lugar principal donde está ubicado su negocio.

Para determinar cual es su lugar principal de negocio o trabajo, debe tomarse en cuenta el período de tiempo que normalmente requiere su presencia para fines de negocio, el nivel de actividad del negocio y la importancia en medida de rendimiento financiero en cada local. Sin embargo, el aspecto más importante es el período de tiempo empleado en cada local.

Los gastos de viaje pagados o incurridos en conexión con un puesto de trabajo fuera del hogar son deducibles. Sin embargo, los gastos de viaje pagados en conexión con un puesto de trabajo indefinido, no son deducibles. Cualquier puesto de trabajo en exceso de un año es considerado indefinido. Tampoco puede deducir gastos de viaje a un sitio si en realidad se espera que usted trabaje allí por más de un año, sea o no que realmente trabaje ese tiempo.

Si usted realmente trabajar en un sitio temporal por menos de un año, y las probabilidades cambian, y en algún momento usted espera trabajar allí por más de un año, los gastos de viaje se convierten en no deducibles cuando sus probabilidades cambian.

Usted puede deducir gastos de viaje, incluyendo comidas y alojamiento, que incurrió al buscar un nuevo empleo dentro de su ocupación o negocio actual. No puede deducir estos gastos si los incurre buscando trabajo en una nueva ocupación o negocio, o buscando trabajo por primera vez. Si usted está desempleado y hay un intervalo considerable entre las fechas de su último trabajo y cuando usted empieza a buscar un nuevo trabajo, no puede deducir estos gastos, aunque el nuevo trabajo sea en la misma ocupación o negocio que su trabajo anterior.

Gastos de viaje para convenciones son deducibles si usted puede mostrar que su presencia es beneficiosa para su comercio o negocio. Se aplican reglas especiales para convenciones celebradas fuera del área de Norteamérica

Gastos de viaje deducibles cuando usted está lejos de su hogar incluyen, pero no se limitan a, los gastos de:

1. viajes en avión, tren, autobús o automóvil entre su hogar y su destino de negocios,

2. operar su automóvil mientras está en el destino de negocio,

3. tarifas de taxi u otros tipos de transporte entre el aeropuerto o estación de tren y su hotel, del hotel al sitio de trabajo, y de un cliente a otro, o de un lugar de negocios a otro,

4. comidas y alojamiento, y

5. propinas que usted paga por servicios relacionados con cualquiera de estos gastos.

En lugar de mantener registros de sus gastos en comida y deducir el costo real, por lo general usted puede utilizar un subsidio estándar para comidas que varía entre $31 y $51 para ciertas zonas de costo elevado, según a donde usted viaje. La deducción por comidas de negocio generalmente se limita a 50% del costo no-reembolsado.

Si usted es empleado de otra persona o empresa, sus gastos de viaje aceptables se calculan en la Forma 2106 o 2106-EZ. Sus gastos permitidos no reembolsados se llevan de la Forma 2106 o 2106-EZ al Anexo A de la Forma 1040, y están sujetos a un límite basado en el 2% de su ingreso bruto ajustado. Para información sobre el límite del 2%, consulte el Tema 508. Si usted no detalla sus deducciones, no puede deducir estos gastos. Si trabaja por cuenta propia, los gastos de viaje son deducibles en el Anexo C-EZ o, si usted es agricultor, en el Anexo F de la Forma 1040. Un buen sistema de archivo es esencial. Para información sobre Sistemas de Archivo, consulte el Tema 305.

Para más información sobre gastos de viajes consulte la Publicación 463, Travel Entertainment, Gift and Car Expenses, (Viajes Entretenimiento, Regalos y Gastos de Automóvil). Si usted es miembro de la Guardia Nacional o de la reserva militar pudiera más bien tener derecho a reclamar gastos de viaje no reembolsables como una deducción de sus ingresos que como deducción detallada en el Anexo A, de la Forma 1040.

Para ser elegible, el viaje debe ser de estancia por la noche, a más de 100 millas de su casa y por adiestramiento o juntas. Los gastos deben ser ordinarios y necesarios. Ésta deducción está limitada a la tarifa Federal regular diaria (para hospedaje y comida, y gastos improvistos) y la tarifa de millaje estándar (para gastos de automóvil), además, las cuotas de estacionamiento, de ferry y peajes. Estos gastos se reclaman en la Forma 2106 o la 2106EZ y se transfieren a la línea apropiada de la Forma 1040. Los gastos en exceso del límite pueden reclamarse únicamente como deducción detallada en el Anexo A.

Uso Del Hogar Para Fines De Negocio

Ya sea que usted sea empleado o trabaje por su cuenta, es posible que pueda deducir ciertos gastos relacionados a la parte de su casa que usted use para fines de su negocio.

Para deducir gastos del uso de su residencia para fines del negocio, parte de su residencia debe ser utilizada como una de las siguientes:

1. Regular y exclusivamente como lugar principal de su ocupación o negocio;

2. Regular y exclusivamente como el lugar donde usted se reúne y trata con sus pacientes o clientes en el curso normal de su ocupación o negocio; o;

3. con relación a su ocupación o negocio, si usted usa una estructura separada que no está conectada a su casa.

Bajo la prueba del lugar principal para su ocupación o negocio, debe determinar que su casa es el lugar principal de su ocupación o negocio después de considerar el lugar donde se efectúan sus actividades más importantes, y donde pasa la mayor parte del tiempo, de manera que pueda deducir como gastos de su negocio el uso de su casa.

Su oficina de la casa también calificará como su sede comercial para efectos de deducir gastos por su uso, si usted llena los siguientes requisitos:

1. Usted la usa exclusiva y regularmente para actividades administrativas o de gerencia de su ocupación o negocio, y

2. usted no tiene ningún otro sitio fijo donde realiza actividades administrativas o de gerencia sustanciales de su ocupación o negocio.

En general, debido a la regla del uso exclusivo, usted no puede deducir gastos de negocio por ninguna porción de su hogar que usa tanto para fines personales como comerciales. Por ejemplo, si usted es abogado y utiliza el estudio de su casa para preparar escritos legales y también para fines personales, usted no podrá deducir ningún gasto del uso de su hogar para fines de negocio. Las únicas excepciones a la regla de uso exclusivo, son los proveedores calificados de guardería infantil y personas que almacenan inventario o muestras de productos usados en su negocio.

Si usted es empleado, se aplican reglas adicionales. Aún si usted satisface las pruebas de exclusividad y uso regular, no puede tomar ninguna deducción para el uso del hogar para negocio a menos que:

- el uso de su hogar como negocio es para la comodidad de su empleador; y

- usted no alquila ninguna parte de su hogar a su empleador y usa la porción alquilada para ofrecer servicios como empleado.

Gastos deducibles de uso del hogar para fines de negocio incluyen la porción comercial de impuestos sobre bienes raíces, interés hipotecario deducible, alquiler, pérdidas fortuitas, servicios públicos, depreciación, mantenimiento y reparaciones. En general, no podrá deducir gastos para el cuidado del pasto, o para pintar una habitación no usada en el negocio.

Al calcular la cantidad que puede deducir como gasto por el uso de su casa en su negocio, puede utilizar totalmente la cantidad de gastos atribuibles exclusivamente a la porción de la casa utilizada en su negocio.

La cantidad que usted puede deducir como gastos atribuibles a toda la casa depende del porcentaje de su residencia utilizado para fines de su negocio. Para calcular este porcentaje, puede dividir el número de pies cuadrados usados para el negocio por el total de pies cuadrados de su residencia. O, si los cuartos son aproximadamente del mismo tamaño, divida el número de cuartos usados para el negocio por el número total de cuartos en la casa. La porción de sus gastos que corresponde a su negocio se calcula aplicando este porcentaje al total de cada uno de los gastos. Los proveedores de guarderías infantiles elegibles deben de tomar en cuenta el uso personal de cualquier área de su residencia no utilizada exclusivamente para el negocio cuando calculen el porcentaje del uso de la residencia para el negocio.

Si su ingreso bruto proveniente del uso de su hogar para negocio es menos que sus gastos totales de negocio, su deducción por ciertos gastos en el uso de su residencia en el negocio es limitada. Sin embargo, aquellos gastos que pueden ser deducidos debido al límite del ingreso bruto pueden pasar al año siguiente pero estarán sujetos al límite de la deducción por ese año.

Si usted trabaja en actividades agrícolas o si es un empleado, use la hoja de cálculo en la Publicación 587, "Business Use of Your Home",(Uso de su Hogar para Fines de Negocio), (Including use by Day Care Providrs), (Incluyendo el Uso de Proveedores Elegibles de Guardería), para calcular su deducción. Como empleado, usted debe detallar sus deducciones en el Anexo A de la Forma 1040 para poder reclamar gastos para el uso de su hogar para fines de negocio. Los Agricultores reclaman sus gastos en el Anexo F de la Forma 1040. Si usted es empleado por cuenta propia, use la Forma 8829 para calcular sus deducciones del uso de su hogar para negocio en el Anexo C de la Forma 1040.

La Publicación 587 tiene información detallada sobre el uso de su hogar para negocio, incluso cómo determinar si su oficina casera califica como su lugar principal de negocio.

Depreciación

Por lo general usted no puede deducir, en un año, el costo total de la propiedad que usted compró, ya sea para uso en su ocupación o negocio o para producir ingreso, si la propiedad tiene una vida útil considerablemente más allá del año tributario. En su lugar la puede depreciar. Esto quiere decir que usted puede extender el costo sobre un número de años y así deducir parte del costo cada año.

Los tipos de propiedad que usted puede depreciar incluyen maquinaria, equipo, edificios, vehículos y muebles. No podrá reclamar depreciación sobre alguna propiedad retenida para uso personal. Si usa propiedad, como su automóvil para su negocio o inversión, y para su uso personal, solo la parte que usted usa para el negocio o inversión puede depreciarse. Usted puede depreciar propiedad que satisface las siguientes cinco pruebas:

1) Debe ser propiedad suya,

2) Debe ser usada en un negocio u otra actividad la cual produzca ingresos,

3) Debe tener una vida útil determinable;

4) Debe durar más de un año; y

5) No debe ser propiedad excluida. Una propiedad excluida [Como lo describe la Publicación 946, How to Depreciate Property, (Como Depreciar Propiedad)] incluye ciertas propiedades intangibles, ciertos intereses a plazos, y propiedad puesta en servicio y luego vendida el mismo año.

Generalmente, si está depreciando propiedad que puso en servicio antes de 1987, debe utilizar el Sistema de Recuperación de Costo Acelerado (ACRS) (Accelerated Cost Recovery System), o el mismo método que utilizó anteriormente. Para propiedad puesta en servicio después de 1986, por lo general debe utilizar el Sistema de Recuperación de Costo Acelerado Modificado, (Modified Accelerated Cost Recovery System, (MACRS).

Si usted deprecia parte o el costo total de la propiedad, posiblemente pueda reclamar en el primer año un 30% adicional de depreciación especial permitida a propiedades elegibles adquiridas después del 10 de Septiembre del 2001, y antes del 1º de enero del 2005 (o una depreciación adicional del 50% en el primer año, permitido a propiedades elegibles adquiridas después del 5 de Mayo del 2003, y antes del 1º de enero del 2005.)

Para más información, consulte la Publicación 946, *"How to Depreciate Property"* (Cómo Depreciar Propiedad) o la Publicación 534 *"Depreciating Property Placed in Service Before 1987"*, (Depreciación de Propiedad Puesta en Servicio antes de 1987). También podrá encontrar información sobre depreciación en la Publicación 527, " *Residential Rental Property", (including Rental of Vacation Homes)* (Propiedad Residencial de Alquiler, incluyendo el Alquiler de Casas de Vacación), la Publicación 463 *Travel, Entertainment, Gift and Car Expenses* (Gastos de Viaje, Entretenimiento, Regalos y Automóvil), Publicación 587, Business Use of Your Home, (Uso de su Hogar como negocio),y la Publicación 225, *"Farmer's Tax Guide"* (Guia Tributaria del Agricultor).

Forma 941- Declaración Trimestral Del Impuesto Federal Del Empleador

Si usted es un empleador de negocios sin empleados agropecuarios, debe presentará trimestralmente la Forma 941 *Employer's Quarterly Federal Tax Return* (Declaración Trimestral de Impuestos Patronales) para informar sueldos que ha pagado, propinas que sus empleados han recibido, retención del impuesto federal sobre el ingreso, retención de contribuciones al Seguro Social y Medicare, su porción de las contribuciones al Seguro Social y Medicare, y pagos adelantados del crédito por ingreso del trabajo. Una Forma 941 separada se presenta cada trimestre. El primer trimestre abarca de enero a marzo. El segundo trimestre de abril a junio. El tercer trimestre de julio a septiembre y el cuarto trimestre de octubre a diciembre. La Forma 941 debe presentarse para el último día del mes después del fin del trimestre. Por ejemplo sueldos que usted paga durante el primer trimestre, enero a marzo, generalmente debe informarse en la Forma 941 para el 30 de abril. Si la fecha de presentación de su declaración cae en sábado, domingo o un día feriado legal, usted puede presentar la declaración el siguiente día laboral.

La mayoría de los empleadores tienen que depositar sus impuestos patronales antes de presentar la Forma 941. Para las reglas sobre depósitos, consulte el Tema 757. Si usted deposita todos sus impuestos a tiempo, tendrá diez días adicionales para presentar la Forma 941.

El total de las contribuciones al Seguro Social y Medicare en la Forma 941 podrán variar en una pequeña cantidad del total de sus registros de nómina, debido a fracciones de centavos que usted gana o pierde al calcular cantidades separadas para empleados individuales. Usted puede sumar o restar esta diferencia en la línea para los ajustes al impuesto. Por lo general, esto no debe ser exceder unos pocos centavos. Usted también puede usar ésta línea de ajuste para corregir las contribuciones al Seguro

Social y Medicare que no pudo recaudar de las propinas de sus empleados, o para compensaciones por enfermedad que usted informa pero para las cuales las contribuciones al Seguro Social y Medicare fueron retenidas por una tercera parte, como, por ejemplo, una compañía de seguros. Usted también puede usar ésta línea para ajustar ciertos errores en las formas 941 correspondientes a trimestres anteriores. Muestre el ajuste en la Forma 941 para el trimestre durante el cual se descubrió el error y adjunte la Forma 941C *"Supporting Statement to Correct Information"* (Documento de Apoyo para Corregir Información) o una declaración escrita para explicar los cambios.

Las retenciones del impuesto sobre el ingreso y de las contribuciones al Seguro Social y Medicare se suman en la Forma 941. Si usted efectuó pagos adelantados del crédito por ingreso del trabajo a sus empleados durante el trimestre, la cantidad total se resta de sus impuestos totales. Consulte el Tema 754 para más información sobre el crédito adelantado por ingreso del trabajo.

El impuesto neto resultante es la cantidad de impuestos patronales que usted adeuda por el trimestre. Si ésta cantidad es de **$2,500** o más, debe completar la parte 2 de la Forma 941, Deuda de Impuestos (Tax Liability) si es un depositante con programa mensual, utilizará el Anexo B de la Forma 941, Report of Tax Liability for Semiweekly Schedule Depositors, (Informe de Deuda de Impuestos para el Programa de los Depósitos de Dos Veces Por Semana), si deposita dos veces a la semana. El propósito de la parte 2 o del Anexo B de la Forma 941 es mostrar al IRS cuándo fue que usted pago a sus empleados. El IRS utiliza esta información para determinar si usted depositó sus impuestos de nómina a tiempo.

En la Parte 2 de la F-941, o en el Anexo B, para quiénes depositan dos veces por semana, debe mostrar la cantidad combinada de Seguro Social, Medicare y el impuesto adeudado por cada mes o por cada día. Su obligación de impuestos patronales ocurre cuando realmente les paga a los empleados sus sueldos, no cuando termina el período de pago. Por ejemplo, si su período de pago termina el 24 de septiembre, pero usted no les paga a los empleados hasta el 1° de octubre, sus sueldos serían reportados en el Cuarto Trimestre, cuando usted en realidad incurre la obligación del impuesto, no en el Tercer Trimestre cuando terminó el período de pago.

Es muy importante que usted complete la Parte 2 de la Forma 941 o el Anexo B correctamente, o podrá aparecer como que usted no depositó sus impuestos a tiempo. Existe una multa por depósito tardío que varía entre el 2% y el 15% dependiendo en la cantidad de tiempo que tardó en hacer el depósito.

Por lo general si su impuesto adeudado por el trimestre es de $2,500 o más, y usted hizo los depósitos apropiados, usted no deberá tener un saldo por pagar con la Forma 941. Generalmente, sólo los contribuyentes con un impuesto por pagar de menos de $ 2,500 pueden pagar con su declaración de impuestos. Si usted paga impuestos con su declaración que debían haber sido depositados, podrá estar sujeto a una multa. Asegúrese que la Forma 941 esté firmada y fechada antes de enviarla por correo a su centro de servicio.

Usted podrá encontrar útil la Publicación 15, Circular E, Employer's Tax Guide (Guía Tributaria del Empleador), la cual explica todas las reglas sobre depósitos y los requisitos para presentar la Forma 941.

Formas 940 Y 940ez- Declaración Anual Del Empleador Del Impuesto Federal Para El Desempleo

Si usted es empleador, y no es empleador de trabajadores domésticos o agrícolas, posiblemente tenga que presentar una declaración del impuesto federal para el desempleo, la Forma 940 o la 940-EZ, si cualquiera de las siguientes dos condiciones se aplican:

1) Usted pagó $1,500 o más en sueldos durante cualquier trimestre calendario en el año en curso o el año anterior.

2) Usted contrató por lo menos un empleado que trabajó cualquier parte de un día durante veinte semanas distintas o más en el año anterior o 20 semanas distintas o más en el año en curso.

Como sueldos pagados, cuente los sueldos de todos sus empleados, regulares, temporeros y a medio tiempo. Si empleó trabajadores domésticos en su residencia particular por lo general deberá presentar el Anexo H de la Forma 1040, si pagó más en sueldos en efectivo que la cantidad especificada por año para trabajo doméstico en su residencia privada. También, presente la Forma 940 o 940EZ si usted pagó sueldos en efectivo de $1,000 o más en cualquier trimestre calendario del año en curso o el anterior por trabajo doméstico en un club local universitario, o en un capítulo local de una fraternity o sorority universitaria.

Si usted es un empleador agrícola, tendrá que presentar la Forma 940 o la Forma 940-EZ para trabajadores agrícolas si:

1) pagó sueldos en efectivo de $20,000 o más a empleados agrícolas en cualquier trimestre en el año en curso o el anterior.

2) tuvo 10 o más trabajadores agrícolas o más durante cualquier porción de un día en un período de 20 semanas distintas o más en el año anterior o veinte semanas distintas o más en el en curso. Residentes bona fide de Puerto Rico deben consultar el Tema 903.

Incluya compensación en efectivo pagada a extranjeros, también conocidos como trabajadores con visas H-2(A) admitidos temporalmente a los Estados Unidos para realizar trabajos agrícolas, para ver si usted satisface cualquiera de las dos pruebas. Pero, la compensación pagada a portadores de visas H-2(A) no está sujeta al Impuesto Federal para el Desempleo y deberá indicarse como "Pagos Exentos" en la línea apropiada de la Forma 940 o Forma 940-EZ.

La tasa del impuesto bruto federal sobre el desempleo por cada año tributario es del 6.2% y se calcula sobre los primeros $7,000 de sueldo que usted pagó a cada empleado en cada año tributario. Si usted pagó puntualmente todo el impuesto estatal para el desempleo por los mismos sueldos, se le concede un crédito estatal de hasta 5.4%. La tasa del impuesto federal después del crédito es del 0.8%.

Si usted no paga puntualmente el impuesto estatal para el desempleo, su crédito por el pago o los pagos atrasados se limita a 90% de la cantidad que se le hubiera concedido de haber pagado a tiempo.

Usted posiblemente pueda presentar la Forma 940-EZ, una declaración simplificada del Impuesto Federal de desempleo por el año en curso, si satisface las tres pruebas siguientes:

1) Usted hizo contribuciones para el desempleo estatal a un sólo estado,

2) Usted pagó todas sus contribuciones estatales para el 31 de enero (o para el 10 de febrero si depositó todo el impuesto por el desempleo o FUTA a su debido tiempo), y

3) Todos sus sueldos sujetos al impuesto Federal por el desempleo también fueron sujetos al impuesto por el desempleo de su estado.

4) Usted no pago sueldos en un estado de reducción de crédito.

La fecha para presentar la Forma 940 o Forma 940-EZ es el 31 de enero. Sin embargo, si usted depositó todos los impuestos por el desempleo o FUTA a tiempo, tendrá hasta el 10 de Febrero para presentar su declaración. Si la fecha de vencimiento cae en sábado, domingo o feriado oficial, la fecha de vencimiento se extiende hasta el siguiente día laboral. Para más información, consulte la Publicación 15, Circular E, *Employer's Tax Guide* Guía Tributaria del Empleador), y la Publicación 15-A, *"Employer's Supplemental Tax Guide",(* Guía Tributaria Suplementaria del Empleador). Además, si usted está interesado en el Programa e-File de la Forma 940 o desea la opción en línea de la Forma 940, por favor visite nuestra página Web en www.irs.gov y seleccione el logotipo e-file o llame gratis al teléfono 1-800-255-0654.

Formas 940 Y 940ez- Declaración Anual Del Empleador Del Impuesto Federal Para El Desempleo

Si usted es empleador, y no es empleador de trabajadores domésticos o agrícolas, posiblemente tenga que presentar una declaración del impuesto federal para el desempleo, la Forma 940 o la 940-EZ, si cualquiera de las siguientes dos condiciones se aplican:

1) Usted pagó $1,500 o más en sueldos durante cualquier trimestre calendario en el año en curso o el año anterior.

2) Usted contrató por lo menos un empleado que trabajó cualquier parte de un día durante veinte semanas distintas o más en el año anterior o 20 semanas distintas o más en el año en curso.

Como sueldos pagados, cuente los sueldos de todos sus empleados, regulares, temporeros y a medio tiempo. Si empleó trabajadores domésticos en su residencia particular por lo general deberá presentar el Anexo H de la Forma 1040, si pagó más en sueldos en efectivo que la cantidad especificada por año para trabajo doméstico en su residencia privada. También, presente la Forma 940 o 940EZ si usted pagó sueldos en efectivo de $1,000 o más en cualquier trimestre calendario del año en curso o el anterior por trabajo doméstico en un club local universitario, o en un capítulo local de una fraternity o sorority universitaria.

Si usted es un empleador agrícola, tendrá que presentar la Forma 940 o la Forma 940-EZ para trabajadores agrícolas si:

1) pagó sueldos en efectivo de $20,000 o más a empleados agrícolas en cualquier trimestre en el año en curso o el anterior.

2) tuvo 10 o más trabajadores agrícolas o más durante cualquier porción de un día en un período de 20 semanas distintas o más en el año anterior o veinte semanas distintas o más en el en curso. Residentes bona fide de Puerto Rico deben consultar el Tema 903.

Incluya compensación en efectivo pagada a extranjeros, también conocidos como trabajadores con visas H-2(A) admitidos temporalmente a los Estados Unidos para realizar trabajos agrícolas, para ver si usted satisface cualquiera de las dos pruebas. Pero, la compensación pagada a portadores de visas H-2(A) no está sujeta al Impuesto Federal para el Desempleo y deberá indicarse como "Pagos Exentos" en la línea apropiada de la Forma 940 o Forma 940-EZ.

La tasa del impuesto bruto federal sobre el desempleo por cada año tributario es del 6.2% y se calcula sobre los primeros $7,000 de sueldo que usted pagó a cada empleado en cada año tributario. Si usted pagó puntualmente todo el impuesto estatal para el desempleo por los mismos sueldos, se le concede un crédito estatal de hasta 5.4%. La tasa del impuesto federal después del crédito es del 0.8%.

Si usted no paga puntualmente el impuesto estatal para el desempleo, su crédito por el pago o los pagos atrasados se limita a 90% de la cantidad que se le hubiera concedido de haber pagado a tiempo.

Usted posiblemente pueda presentar la Forma 940-EZ, una declaración simplificada del Impuesto Federal de desempleo por el año en curso, si satisface las tres pruebas siguientes:

1) Usted hizo contribuciones para el desempleo estatal a un sólo estado,

2) Usted pagó todas sus contribuciones estatales para el 31 de enero (o para el 10 de febrero si depositó todo el impuesto por el desempleo o FUTA a su debido tiempo), y

3) Todos sus sueldos sujetos al impuesto Federal por el desempleo también fueron sujetos al impuesto por el desempleo de su estado.

4) Usted no pago sueldos en un estado de reducción de crédito.

La fecha para presentar la Forma 940 o Forma 940-EZ es el 31 de enero. Sin embargo, si usted depositó todos los impuestos por el desempleo o FUTA a tiempo, tendrá hasta el 10 de Febrero para presentar su declaración. Si la fecha de vencimiento cae en sábado, domingo o feriado oficial, la fecha de vencimiento se extiende hasta el siguiente día laboral. Para más información, consulte la Publicación 15, Circular E, *Employer's Tax Guide* Guía Tributaria del Empleador), y la Publicación 15-A, *"Employer's Supplemental Tax Guide",(* Guía Tributaria Suplementaria del Empleador). Además, si usted está interesado en el Programa e-File de la Forma 940 o desea la opción en línea de la Forma 940, por favor visite nuestra página Web en www.irs.gov y seleccione el logotipo e-file o llame gratis al teléfono 1-800-255-0654.

Propinas - Retención Y Declaración

Los empleados que reciben propinas de $20 o más en un mes calendario trabajando para usted, están obligados a informarle a usted la cantidad total de propinas que reciban. Deben informarle por escrito para el décimo día del mes siguiente. Los empleados que reciben propinas de menos de $20 en un mes calendario no están obligados a informarle a usted sus propinas por ese mes.

Los empleados deben informarle a usted las propinas que recibieron directamente de clientes, de otros empleados y aquellas que los clientes cargan a sus cuentas. Los cargos por servicio que se agregan a una cuenta y luego se pagan a los empleados no se consideran propinas.

Los empleados pueden usar la Forma 4070-A," *Employee's Daily Record of Tips"*, (Registro Diario de Propinas del Empleado), para mantener un registro diario de sus propinas, y la Forma 4070, " *Employee's Report of Tips to Employer"* (Informe del Empleado al Empleador sobre sus Propinas), para informarle a usted de sus propinas. Ambas formas se encuentran en la Publicación 1244, *"Employee's Daily Record of Tips and Report to Employer"*, (Registro Diario de Propinas del Empleado e Informe al Empleador).

Cuando usted recibe el informe sobre propinas del empleado, utilícelo para calcular la cantidad de contribuciones al Seguro Social y al Medicare y de los impuestos sobre el ingreso que usted deberá retener por el período de pago tanto del salario como de las propinas informadas. Usted es responsable de pagar la porción patronal de las contribuciones al Seguro Social y al Medicare. Usted debe recaudar la porción del empleado de las contribuciones al Seguro Social y al Medicare y del impuesto sobre el ingreso. Puede recaudar estos impuestos del sueldo del empleado o de otros fondos que el empleado le entregue hasta el cierre del año calendario. Si usted no tiene suficiente dinero de los sueldos del empleado o de otros fondos, aplíquelos en el orden siguiente. Primero, retenga todos los impuestos sobre el sueldo regular. Segundo, retenga las contribuciones al Seguro Social y al Medicare de las propinas declaradas. Por último, retenga cualquier impuesto federal, estatal o local sobre el ingreso de las propinas declaradas. Usted puede retener cualquier impuesto restante no pagado del próximo cheque de paga del empleado. Si usted no puede retener todas las contribuciones de las propinas del empleado al Seguro

Social y al Medicare, indique la cantidad no retenida en la Casilla apropiada de la Forma W-2 del empleado *"Wage and Tax Statement"*, (Declaración de Sueldos e Impuestos). También, muestre la cantidad no-recaudada como un ajuste en su Forma 941, *"Employer's Quarterly Federal Tax Return"*, (Declaración Trimestral del Impuesto Federal del Empleador).

Al preparar la Forma W-2 de su empleado, incluya salarios, propinas y otra compensación en la Casilla clasificada, "salarios, propinas y otros ingresos". Incluya salarios y propinas sujetos al impuesto del Medicare y Seguro Social en las Casillas apropiadas.

Al calcular su obligación del impuesto federal por desempleo, sume todas las propinas declaradas al sueldo de su empleado.

Si usted opera un establecimiento grande de alimentos y bebidas donde las propinas son habituales y usted normalmente emplea más de diez personas en un día de típico de negocio, usted debe presentar la Forma 8027, *"Employer's Annual Information Return of Tips Income and Allocated Tips"*, (Declaración Informativa Anual del Empleador sobre Ingresos de Propinas y Propinas Distribuidas), cada año calendario. Si usted opera más de un negocio de alimentos y bebidas, debe presentar una Forma 8027 separada para cada una. La Forma 8027 debe presentarse el último día de febrero del año siguiente (o para el 31 de marzo si presenta su declaración electrónicamente) y se presenta en el Centro de Servicio del IRS.

Si el total de las propinas informadas por todos los empleados es menos del 8% de sus ingresos brutos (a menos que el IRS haya aprobado una tasa más baja), usted debe repartir la diferencia entre los empleados que recibieron propinas. La distribución debe estar basada en la porción de ingresos brutos de cada empleado o en su participación en el total de horas trabajadas, o en un acuerdo por escrito entre usted y sus empleados. Muestre la cantidad repartida en la Casilla clasificada, " Propinas Repartidas" , de la Forma W-2 del empleado. No retenga impuestos sobre el ingreso, o contribuciones del Seguro Social o del Medicare de las propinas repartidas.

Si usted tiene que repartir las propinas, sus empleados deben continuar informándole a usted de todas la propinas, y usted debe usar las cantidades que ellos le informan para calcular los impuestos de nómina.

Para más información sobre las responsabilidades del empleado, consulte la Publicación 15, *"Circular E, Employer's Tax Guide"*, (Circular E, Guía Tributaria del Empleador). Para más información sobre las responsabilidades del empleador, consulte la Publicación 531, *"Reporting Tip Income"*, (Declarando Ingreso de Propinas). O la Publicación 1872 Sugerencias Sobre Propinas

Guia De Evaluacion Para Comenzar Un Negocio

Introduccion

Ser dueño de un negocio es el sueño de muchos Americanos... y cuando usted comienza su negocio el sueño se convierte en realidad. Pero existe una vacio entre el sueño y la realidad que sólo se puede eliminar con planes cuidadosos. Como dueño de un negocio usted va a necesitar un plan para evitar obstáculos, realizar sus metas, y tener éxito en su negocio.

El "Cuestionario de Evaluación para Comenzar un Negocio" es una guía para ayudarle a preparar un plan de negocios completo y para determinar si sus ideas se pueden realizar. Este cuestionario le ayudará a identificar preguntas y problemas que hay que enfrentar al convertir su idea en realidad y a prepararse para comenzar su propio negocio.

El éxito en la operación de un pequeño negocio dependerá de:

- Un plan práctico con una base firme;

- Dedicación y deseo de sacrificarse para alcanzar sus objetivos;

- Habilidades técnicas; y,

- Conocimientos básicos de administración, finanzas, contabilidad y mercadotecnia.

Identifique Sus Motivos

El primer paso que frecuentemente se omite es preguntarse por qué quiere ser dueño de su propio negocio. Marque cada uno de los motivos que apliquen:

	SI
1. Liberarse de la rutina diaria de 9 a.m. a 5 p.m.	____
2. Ser su propio jefe.	____
3. Hacer lo que desea cuando lo desee.	____
4. Mejorar su nivel de vida.	____

118

5. Aburrimiento de su trabajo actual. ____

6. Tiene un producto o servicio por el cual cree existe demanda. ____

Algunos motivos son mejores que otros ningúno está equivocado; sin embargo tiene que estar consciente de las posibles desventajas. Por ejemplo se puede escapar de un horario de 9 a.m. a 5 p.m.; pero puede ser que lo tenga que reemplazar con una rutina de 6 a.m. a 10 p.m.

Evaluacion Propia

Para comenzar un negocio se requieren ciertas características personales. Esta parte del cuestionario tiene que ver con usted como individuo. Las preguntas requieren que piense detenidamente. Trate de ser objetivo. Acuérdese que es su futuro el que se está decidiendo.

Características Personales

	SI	NO
1. ¿Es usted un líder?	____	____
2. ¿Le gusta tomar sus propias decisiones?	____	____
3. ¿Otras personas lo buscan para ayudarlos a tomar decisiones?	____	____
4. ¿Le gusta la competencia?	____	____
5. ¿Tiene fuerza de voluntad y disciplina?	____	____
6. ¿Hace planes por adelantado?	____	____
7. ¿Le gusta la gente?	____	____
8. ¿Se lleva bien con otras personas?	____	____

Condiciones Personales

El siguiente grupo de preguntas, aunque breves, son vitales para el éxito de su plan. Se refieren a las tensiones físicas emocionales y financieras que usted va a encontrar al comenzar un nuevo negocio.

	SI	NO
1. ¿Está consciente de que el manejo de su negocio puede requerir de 12 a 16 horas diarias, seis días por semana y la posibilidad de trabajar los domingos y días festivos?	____	____

2. ¿Tiene la fortaleza física para sostener la carga de trabajo y el horario? ____ ____

3. ¿Tiene la fortaleza emocional para resistir la tensión? ____ ____

4. ¿Está preparado para bajar temporalmente su nivel de vida, si fuera necesario, hasta que el negocio esté firmemente establecido? ____ ____

5. ¿Está su familia dispuesta a tolerar las tensiones que ellos también tendrán? ____ ____

6. ¿Está dispuesto(a) a perder sus ahorros? ____ ____

Habilidades Y Experiencias

Para tener éxito en un negocio es esencial tener ciertas habilidades y experiencias. Como no es seguro que posea todas las habilidades y experiencias necesarias va a necesitar contratar personal para suplir las que le faltan. Hay ciertas habilidades básicas especiales que va a necesitar su negocio específico.

Al contestar las siguientes preguntas podrá identificar las habilidades que tiene y las que le faltan (sus fortalezas y debilidades).

SI   NO

1. ¿Sabe cuáles son las habilidades básicas que va a necesitar para tener éxito en su negocio? ____ ____

2. ¿Posee esas habilidades? ____ ____

3. ¿Cuando esté reclutando personal podrá usted determinar si los solicitantes llenan los requisitos que se necesitan para las posiciones? ____ ____

4. ¿Ha tenido experiencia en puestos administrativos o de supervisión? ____ ____

5. ¿Ha trabajado alguna vez en un negocio parecido al que quiere comenzar? ____ ____

6. ¿Ha recibido Capacitación empresarial en la escuela en materia de negocios? ____ ____

7. ¿Si usted descubre que no posee las habilidades indispensables para su negocio, esta dispuesto a posponer sus planes hasta adquirirlas? ____ ____

Encontrar Un Nicho

Los pequeños negocios pueden variar en tamaño desde una planta de manufactura con muchos empleados y millones de dólares en equipo hasta el del lavador de ventanas con una cubeta y esponja. Obviamente los conocimientos y habilidades requeridos para estos dos extremos son muy diferentes; sin embargo para tener éxito ambos deben tener una característica en común, cada uno encontro un nicho y lo atendio.

El problema más critico que enfrentara durante su planificación inicial va a ser el encontrar un nicho y determinar si su idea es factible. Comenzar el negocio apropiado al momento apropiado es buen consejo pero seguirlo puede ser difícil. Muchos empresarios se lanzan en negocios arriesgados tan cegados por sus sueños que fallan al hacer una evaluación minuciosa del potencial del negocio.

El siguiente ejercicio le ayudara a distinguir las ideas bien fundamentadas, de aquellas con grandes probabilidades de fracaso antes de invertir su tiempo, dinero y esfuerzo.

¿Es Su Idea Factible?

1. Identifique y describa brevemente el negocio que piensa establecer.

_____

_____

_____

_____

2. Identifique el producto o el servicio que intenta vender.

	SI	NO
3. ¿Satisface su producto o servicio una necesidad no satisfecha?	—	—
4. ¿Va a introducir su producto o servicio en un mercado donde la demanda excede la oferta?	—	—
5. ¿Va a ser su producto o servicio competitivo basado en su calidad, precio y localización?	—	—

Si ha respondido sí a cualquiera de estas preguntas quiere decir que está en el camino correcto; respuestas negativas indican que el futuro puede ser difícil.

Analisis De Mercado

Para tener éxito en un negocio pequeño el dueño tiene que conocer el mercado. Para adquirir conocimiento del mercado usted tiene que analizarlo, y es un proceso que toma tiempo y esfuerzo. No tiene que ser un especialista en análisis de mercado, ni tampoco el análisis tiene que ser costoso.

El análisis de mercado consiste de obtener información sobre los clientes potenciales y determinar la demanda para su producto o servicio.

Cuanta más información obtenga mayores serán sus oportunidades de capturar Antes de invertir su tiempo y dinero en el negocio conozca!parte del mercado. su mercado!

Las siguientes preguntas le ayudarán a compilar la información que necesita para analizar el mercado y determinar si su producto o servicio se venderá.

	SI	NO
1. ¿Conoce cuáles serán los clientes?	____	____
2. ¿Entiende sus necesidades y deseos?	____	____
3. ¿Sabe dónde viven?	____	____
4. ¿Ofrecerá el tipo de producto o servicios que los clientes comprarán?	____	____
5. ¿Serán sus productos competitivos en calidad y en precio?	____	____
6. ¿Tiene un plan efectivo de promoción?	____	____
7. ¿Sabe cómo comparar su negocio con la competencia?	____	____
8. ¿Tiene su negocio la ubicación adecuada para la gente a la que se propone servir?	____	____
9. ¿Habrá estacionamiento para la gente a la que se propone servir?	____	____

Este breve ejercicio le dará una buena idea del tipo de planificación de mercadeo que necesita hacer. Una respuesta de no indica una deficiencia en su plan y debe investigarla hasta que pueda responder sí.

Planificando Su Comienzo

Hasta ahora la guía le ayudó a identificar las preguntas y los problemas que va a confrontar al convertir su idea en realidad y a determinar si su idea es factible. En la sección de evaluación propia descubrió cuáles son sus cualidades y deficiencias personales. A través del análisis de mercado supo si hay demanda para su producto o servicio.

Las preguntas siguientes están agrupadas de acuerdo con su función. Ellas tienen el propósito de ayudarlo a prepararse para el día de la apertura.

Nombre y Estructura Legal

	SI	NO
1.¿Ha escogido el nombre para su negocio?	____	____
2. ¿Ha desidido operar como proprietario único, compañía o corporación?	____	____

Su Negocio y la Ley

No se espera que un dueño de negocio sea un abogado; sin embargo debe tener conocimiento sobre las leyes que afectan el negocio. A continuación se incluye una lista de los asuntos legales con que debe familiarizarse:

	SI	NO
1. ¿Conoce cuáles son las licencias y permisos que se requieren para operar su negocio?	____	____
2. ¿Conoce las leyes mercantiles por las cuales se tiene que regir?	____	____
3. ¿Tiene un abogado que lo puede asesorar y ayudar con sus documentos legales?	____	____

4. ¿Está consciente de:

- ¿los requisitos de La Administración de Seguridad y Salubridad Ocupacional [OSHA por las siglas en inglés de Occupational Safety and Health Administration]   ____ ____

- ¿las reglamentaciones sobre materiales peligrosos?   ____ ____

- ¿las ordenanzas locales que reglamentan los anuncios, la limpieza de nieve, etc.?   ____ ____

- ¿las disposiciones sobre Impuestos pertinentes a pequeños negocios?   ____ ____

- ¿las reglamentaciones federales sobre retención de impuestos y Seguro Social?   ____

- ¿las leyes estatales sobre la compensación para los trabajadores?   ____ ____

Protegiendo Su Negocio

Cada día aumenta la importancia de prestar atención a los seguros y a la protección de su negocio. Muchas áreas necesitan estar cubiertas por seguro. ¿Ha examinado las siguientes categorías de riesgos de los cuales se debe proteger?

	SI	NO
• Fuego	____	____
• Robo	____	____
• Asalto	____	____
• Vandalismo	____	____
• Responsabilidad por accidentes	____	____

Antes de tomar una decisión investigue con los agentes de seguros los tipos de protección que necesita y prepare una comparación cuidadosa de las tarifas, primas y protección que ofrecen las distintas compañías de seguro.

Las Instalaciones y Ubicación del Negocio

	SI	NO

1. ¿Ha encontrado un edificio adecuado con una ubicación accesible para sus clientes? ____ ____

2. ¿Se puede remodelar el edificio a un costo razonable para llenar sus necesidades específicas? ____ ____

3. ¿Ha considerado alquilar o arrendar con opción a comprar? ____ ____

4. ¿Tiene un abogado que le aconseje sobre las reglamentaciones de zonificación y el contrato de arrendamiento? ____ ____

Mercancía

	SI	NO

1. ¿Ha decidido qué productos quiere vender o producir o qué servicios va a proveer? ____ ____

2. ¿Tiene un plan de negocio basado en las ventas estimadas para determinar el tamaño de inventario que va a necesitar para controlar sus compras? ____ ____

3. ¿Ha encontrado proveedores de confianza que le ayudarán a empezar el negocio? ____ ____

4. ¿Ha comparado los precios, la calidad y los términos de crédito de los proveedores? ____ ____

Contabilidad del Negocio

	SI	NO

1. ¿Está preparado para mantener registros completos de ventas, ingresos, gastos, cuentas por pagar y por cobrar? ____ ____

2. ¿Ha determinado cómo manejar la nómina, los impuestos y los pagos? ____ ____

3. ¿Sabe qué estados financieros hay que preparar y cómo se preparan? ____ ____

Finanzas

Muchos pequeños negocios fracasan todos los años. Hay muchas razones de éstos fracasos pero una de las mayores es insuficiencia de fondos. Hay demasiados empresarios que tratan de comenzar y operar un negocio sin los fondos necesarios. Para evitar este dilema usted debe revisar su situación financiera haciéndose estas tres preguntas.

	SI	NO
1. ¿Cuánto dinero tiene?	____	____
2. ¿Cuánto dinero necesita para comenzar su negocio?	____	____
3. ¿Cuánto dinero necesita para permanecer en el negocio?	____	____

Use el siguiente diagrama para responder a la primera pregunta:

Diagrama 1 -- Estado Financiero, 20 __ __

ACTIVOS		OBLIGACIONES	
Efectivo disponible	____	Cuentas por pagar	____
Cuentas de ahorros	____	pagarés	____
Acciones, Vonos, Valores	____	Contratos por pagar	____
Cuentas / pagarés por cobrar	____	Impuestos	____
Bienes Raíces	____	Prestamos sobre bienes raices	____
Seguro de vida (valor actual)	____	Otras obligaciones	____
Automoviles / otros vehiculos	____		
Otros activos liquidos	____		
TOTAL DE ACTIVOS	____	**TOTAL DE OBLIGACIONES**	____
VALOR NETO (activos menos obligaciones)			____

El próximo diagrama le ayudará a contestar la segunda pregunta:

¿Cuánto dinero va a necesitar para comenzar su negocio? Este diagrama es para un negocio de venta al menudeo. Los reglones para negocios de servicios construcción y manufactura serán diferentes.

Diagrama 2 -- Costos Estimados De Apertura

Decoración / renovación _____

Accesorios / equipo _____

Instalación de equipo y accesorios _____

Servicios, materiales _____

Costo de inventario inicial _____

Licencias y permisos _____

Depositos para servicio telefónico _____

Seguros _____

Rótulos / Anuncios _____

Publicidad para la apertura _____

Otros gastos _____

COSTOS TOTALES DE APERTURA _____

La respuesta a la tercera pregunta ¿Cuánto dinero va a necesitar para permanecer en el negocio? hay que dividirla en dos partes, gastos inmediatos y gastos futuros.

Desde el momento que abre su negocio sin duda va a recibir cierta cantidad de dinero. Sin embargo, este ingreso no se debe tomar en consideración al proyectar sus gastos de operación. Va a necesitar suficiente dinero para cubrir los gastos de los primeros tres meses de operaciones. El Diagrama 3 le ayudará a proyectar los gastos mensuales de operación.

DIAGRAMA 3 -- GASTOS DE UN MES

Gastos de sostenimiento _____

Sueldos de empleados _____

Alquiler o renta _____

Publicidad / anuncios _____

Mercancías _____

Agua/electricidad/otros servicios _____

Seguros _____

Impuestos _____

Mantenimiento   ____

Entrega/transportación   ____

Otros gastos misceláneos   ____

TOTAL   ____

Ahora multiplique el total del Diagrama 3 por tres. Esta es la cantidad de efectivo que necesitará para cubrir los gastos de operación del negocio por tres meses. Antes de abrir su negocio deposite esta cantidad en una cuenta de ahorros. Usela solamente para los propósitos indicados en el Diagrama 3 porque este dinero le asegurará que podrá permanecer en negocio durante las críticas etapas iniciales.

Al sumar los gastos totales de apertura (Diagrama 2) con los gastos totales de tres meses (tres veces los gastos totales del Diagrama 3) encontrará los gastos aproximados de comenzar y operar su negocio por tres meses. Cuando reste los totales de los Diagramas 2 y 3 de su efectivo disponible (Diagrama 1) podrá determinar la cantidad de financimiento adicional que necesitará.

Ahora necesita calcular los gastos de operación del primer año. Use las proyecciones sobre ingresos en Apéndice A para hacer este cálculo.

El primer paso para determinar sus gastos anuales es calcular el volumen de ventas mes por mes. Asegúrese de que cuando calcúle su volumen de ventas, tome en consideración las variantes debido a la temporada y otros factores similares. Se puede adquirir información sobre variaciones de ventas por temporada y las proporciones típicas para la industria en las asociaciones empresariales.

NOTA: La relación entre las cantidades de capital que usted invierte, los niveles de ventas cada una de las categorías de gastos, el número de veces que venderá su inventario [turnover] y muchos de las otras categorías le darán una serie de razones o indices financieros. Estos indices le resultarán valiosos, pues le van a permitir hacer ajustes antes de que sea demasiado tarde. En la sección de consultas de su biblioteca local hay publicaciones como "El Almanaque de Relaciones Financieras de Negocios e Industria" [*The Almanac of Business and Industrial Financial Ratios*]. Este libro es una fuente de indices por industria que le servirá para comparar el resultado del funcionamiento de su negocio con la de otros negocios parecidos.

Para una explicación completa de estos indicadores y cómo usarlos use las fuentes de información que se mencionarán al final de esta publicación.

Posteriormente determine el costo de las mercancías que usted espera vender. El costo de mercancías vendidas o el cociente de operación se expresa en dólares y como porcentaje de ventas. Después de determinar el cociente de operación, estime los gastos necesarios para lograr las ventas que anticipa.

Cuando esté preparando las proyecciones sobre ingresos debe entender que la información que está buscando es el porcentaje de ventas totales que cada renglón representa. Llene la columna para cada mes en dólares, sume la columna total anual; y luego divida cada renglón de gastos entre el total de ventas netas para producir los cocientes de operación.

Despues De La Apertura

La fuente primaria de ingresos de su negocio serán las ventas pero éstas van a variar de mes a mes a causa de las temporadas y otros factores. Por eso es importante determinar si sus ventas mensuales van a producir suficiente ingreso para pagar las cuentas mensuales.

Una proyección del flujo de efectivo (Diagrama 4) le mostrará si el balance de efectivo mensual dependerá de factores tales como:

- falta de conocimiento en los cambios de las temporadas

- exceso de retiros de efectivo del negocio para pagar los costos de sostenimiento

- expansión demasiado rápida y

- lentitud en el cobro de cuentas si se extiende crédito a los clientes.

Utilice el siguiente diagrama para crear una hoja de trabajo que le ayudará con este problema. En este ejemplo todas las ventas son en efectivo.

Diagrama 4 -- Estimado Del Flujo De Efectivo

	Enero	Feb.	Mar.	Abr.	Mayo	Jun.	(etc.)
Efectivo en el banco para gastos menores (Primero del mes)	—	—	—	—	—	—	—
Efectivo total (Primero del mes)	—	—	—	—	—	—	—
Ventas en efectivo anticipadas	—	—	—	—	—	—	—
Entradas totales	—	—	—	—	—	—	—
Total de efectivo y entradas	—	—	—	—	—	—	—
Desembolsos del mes (renta, pagos, depréstamos, servicios, sueldos etc.)	—	—	—	—	—	—	—
Balance de efectivo (fin del mes)	—	—	—	—	—	—	—

Conclusion

Sin duda preparar un plan de negocios adecuado es el paso más importante al comenzar un nuevo negocio. Un plan de negocios completo será su guía para administrar su negocio con éxito. **Su éxito depende del plan de negocio.** Este plan necesita contener toda la información pertinente; debe estar bien escrito; contener hechos y ser organizado en secuencia lógica. Aún más, no debe contener ninguna información que no se pueda verificar.

Si usted ha respondido cuidadosamente a todas las preguntas en esta guía y ha completado todas las hojas de trabajo ha considerado seriamente su meta. Pero... hay aún ciertas cosas acerca de las cuales usted desea conocer más.

Ser dueño y administrar su propio negocio es un proceso continuo de aprendizaje. Investigue su idea y haga lo que esté a su alcance, pero no vacile en buscar la ayuda de personas que le puedan decir lo que necesita saber.

Apendice A: Estado De Las Proyecciones Sobre Ingresos

	% Industria	E	F	M	A	M	J	J	A	S	O	N	D	Total Anual	% Anual
Total neto de ventas (ganancias)	–	–	–	–	–	–	–	–	–	–	–	–	–		–
Costo de las ventas	–	–	–	–	–	–	–	–	–	–	–	–	–		–
Ganancias brutas	–	–	–	–	–	–	–	–	–	–	–	–	–		–
Margen de ganacias brutas	–	–	–	–	–	–	–	–	–	–	–	–	–		–
Gastos controlables															
Salarios/sueldo	–	–	–	–	–	–	–	–	–	–	–	–	–		–
Gastos de nómina	–	–	–	–	–	–	–	–	–	–	–	–	–		–
Legales/contabilidad	–	–	–	–	–	–	–	–	–	–	–	–	–		–
Publicidad	–	–	–	–	–	–	–	–	–	–	–	–	–		–
Automóbiles	–	–	–	–	–	–	–	–	–	–	–	–	–		–
Materiales de oficina	–	–	–	–	–	–	–	–	–	–	–	–	–		–
Mensualidades/ subscripciones	–	–	–	–	–	–	–	–	–	–	–	–	–		–
Electricidad	–	–	–	–	–	–	–	–	–	–	–	–	–		–
Misceláneos	–	–	–	–	–	–	–	–	–	–	–	–	–		–
Total de gastos controlables	–	–	–	–	–	–	–	–	–	–	–	–	–		–
Gastos fijos															
Renta	–	–	–	–	–	–	–	–	–	–	–	–	–		–
Depreciación	––	–	–	–	–	–	–	–	–	–	–	–	–		–
Agua/Teléfonos	–	–	–	–	–	–	–	–	–	–	–	–	–		–
Seguros	–	–	–	–	–	–	–	–	–	–	–	–	–		–
Licencias/permisos	–	–	–	–	–	–	–	–	–	–	–	–	–		–
Pagos de préstamos	–	–	–	–	–	–	–	–	–	–	–	–	–		–
Misceláneos	–	–	–	–	–	–	–	–	–	–	–	–	–		–

Total de gastos fijos _ _ _ _ _ _ _ _ _ _ _ _ _ _ _ _

Total de gastos _ _ _ _ _ _ _ _ _ _ _ _ _ _ _

Ganancia neta (pérdida) antes de impuestos _ _ _ _ _ _ _ _ _ _ _ _ _ _ _

Impuestos _ _ _ _ _ _ _ _ _ _ _ _ _ _ _

Ganancia neta (pérdida) después de impuestos _ _ _ _ _ _ _ _ _ _ _ _ _ _ _

Instrucciones Para El Estado De Las Proyecciones Sobre Ingresos

El estado sobre las proyecciones (ganancias y pérdidas) sobre ingresos es muy valioso, tanto como un instrumento de planificación, como un instrumento clave para ayudar en el control de las operaciones del negocio. Ayuda al dueño-gerente a desarrollar una vista preliminar de la cantidad de ingresos generados cada mes y para el año fiscal, basada en predicciones razonables de los niveles mensuales de ventas, costos y gastos.

Mientras las proyecciones mensuales son desarrolladas e introducidas las en el estado de las proyecciones de ingresos, éstas pueden servir como metas definidas para controlar las operaciones del negocio. Mientras los resultados de las operaciones actuales sean conocidos cada mes, ellos deben ser anotados para comparación con la proyección mensual. Un estado de ingresos completo le permite al dueño-gerente comparar las figuras actuales con las proyecciones mensuales y tomar los pasos necesarios para corregir cualquier problema.

Porcentaje de las Industrias

En la columna de los porcentajes de las industrias, entre los porcentajes del total de las ventas (ganancias) que son normales para su industria, los cuales son derivados dividiendo

$$\frac{\text{partidas de costos/gastos}}{\text{total neto de ventas}} \times 100\%$$

Estos porcentajes pueden ser obtenidos de varias fuentes, tales como las asociaciones empresriales, los contadores o los bancos. La biblioteca pública mas cercana le puede referir a los documentos que contienen las cifras de los porcentajes de su industria, por ejemplo Robert Morris Associates' Annual Statement Studies (One Liberty Place, Philadelphia, PA 19103).

Las cifras de las industrias sirven como indicadores para comparar costos y gastos estimados que pueda desarrollar en su negocio. Compare las cifras en la columna de los porcentajes de industrias con las de la de porcentajes anuales.

Total Neto de Ventas

Determine el número total de unidades de los productos o servicios que usted realísticamente espera vender, cada mes, en cada departamento, a los precios que usted espera obtener. Use este paso para hacer las proyecciones y revisar sus prácticas sobre la fijación de precios.

- ¿Que devoluciones, conseciones y rebajas pueden esperarse?

- Excluya cualquier ganancia que no esté estríctamente relacionada con el negocio.

Costo de Ventas

La clave para calcular su costo de ventas es que no debe dejar pasar ningún costo que haya incurrido. Calcule el costo de ventas para todos los productos y servicios usados para determinar el total neto de ventas. Donde hay inventario envuelto, no deje pasar los costos de transportación. Incluya también cualquiera labor directa.

Ganancias Brutas

Reste el total de los costos de ventas del total neto de las ventas para obtener las ganancias brutas.

Margen de Ganancias Brutas

Las ganancias brutas son expresadas como el porcentaje del total de ventas. Son calculadas dividiendo ganancias brutas

----

total neto de ventas

Gastos Controlables

- **Gastos de salarios** -- Salario más tiempo extra.

- **Gastos de nóminas** -- Incluye las vacaciones pagadas, licencia por enfermedad, seguro médico, seguro de desempleo e impuestos sobre seguro social.

- **Servicios externos** -- Incluye los costos de los subcontratos, exceso de trabajo y servicios especiales o por una vez.

- **Materiales** -- Servicios y artículos comprados para el uso del negocio.

- **Reparaciones y mantenimiento** -- Mantenimiento regular, reparaciones, incluyendo gastos periodicos fuertes tales como pintura.

- **Publicidad** -- Incluye gastos de publicidad en directorios y los clasificados.

- **Carros, Entregas y Viajes** -- Incluye cargos si el carro personal ha sido usado en el negocio, incluyendo el estacionamiento, peaje, viajes de compras, etc.

- **Servicios contables y legales** -- Servicios profesionales externos.

Gastos Fijos

- **Renta** -- Enumere solamente los bienes raíces usados en el negocio.

- **Depreciación** -- La amortización de los activos de capital.

- **Servicios** -- Agua, calefacción, luz, etc.

- **Seguros** -- Fuego o responsabilidad en la propiedad o en los productos. Incluye la compensación de empleados.

- **Pagos de préstamos** -- Intereses en préstamos pendientes.

- **Misceláneos** -- No específicados; pequeños gastos sin una cuenta separada.

Ganancia Neta (pérdidas) (antes de impuestos)	Reste el total de gastos de las ganancias brutas.
Impuestos	Incluye inventario e impuestos de ventas, impuesto de consumo, impuesto sobre bienes raíces, etc.
Ganancia Neta (pérdidas) (después de impuestos)	Reste los impuestos de las ganancias netas (antes de impuestos).
Total Anual	Por cada partida de ventas y gastos en su estado de proyecciones sobre ingresos, sume todas las entradas mensuales de la tabla y ponga el resultado en la columna anual.
Porcentaje Anual	Calcule el porcentaje anual dividiendo: $$\frac{\text{total anual}}{\text{total neto de ventas}} \times 100\%$$ Compare esta cifra al del porcentaje de las industrias en la primera columna.

Apendice B: Recursos De Informacion

La SBA ofrece una selección extensa de información en la mayoría de temas relacionados con la asministración de negocios, desde como empezar un negocio hasta como exportar sus productos.

Esta información está en el directorio de Pequeños Negocios. Para una copia gratuita pongase en contacto con su oficina mas cercana de la SBA.

La SBA tiene oficinas en todo el país. Consulte la sección del Gobierno Federal en su directorio telefónico para averiguar cuál es la oficina más cercana. La SBA ofrece un gran número de programas y servicios, incluyendo Capacitación y servicios de consejería, programas financieros y asistencia para contratos.

> **Asociación de Ejecutivos Retirados [SCORE],** una organización nacional auspiciada por la SBA que tiene 13,000 ejecutivos de negocios voluntarios que proveen consejería gratuita, talleres y seminarios a futuros y existentes empresarios.

> **Centros de Desarrollo Empresarial [SBDCs],** auspiciados por la SBA en conjunto con los gobiernos de los estados y locales, la comunidad educativa y el sector privado. Ellos proveen asistencia, consejería y entrenamiento a futuros y actuales hombres y mujeres de negocios.

> **Institutos de Pequeños Negocios [SBI],** organizados a través de la SBA en más de 500 recintos colegiales en la nación. Los institutos proveen consejería por estudiantes y facultad de los colegios a clientes de pequeños negocios.

Para información sobre los programas de desarrollo de negocios de SBA llame a Información de Pequeños Negocios [SBA Answer Desk] en **1-800-U-ASK-SBA (827-5722)**.

Recursos del Gobierno Federal

Muchas publicaciones sobre desarrollo de negocios y otros tópicos relacionados están disponibles a través de la Imprenta del Gobierno Federal [GPO]. Las tiendas de GPO estan localizadas en 24 ciudades principales y están en las Páginas Amarillas bajo el rubro de librerias. Usted puede pedir bibliografía temática escribiendo al Superintendente de Documentos de la Imprenta del Gobierno Federal, Washington, DC 20402-9328.

Muchas agencias federales ofrecen publicaciones de interés para pequeños negocios. Hay una tarifa nominal por algúnos de ellos pero casi todos son gratuitos. A continuación hay una lista seleccionda de agencias del gobierno que proveen publicaciones y otros servicios designados para pequeños negocios. Para conseguir sus publicaciones, póngase en contacto con las oficinas regionales listadas en el directorio telefónico o escriba a las siguientes direcciones:

Centro de Información al Consumidor (CIC)
P.O. Box 100
Pueblo, CO 81002El

CIC ofrece un catálogo informativo al consumidor con las publicaciones federales.

Comisión de Seguridad de Productos al Consumidor (CPSC)
Solicitud de Publicaciones
Washington, DC 20207El

CPSC ofrece guías para requisitos de seguridad para productos.

Departamento de Agricultura de los Estasos Unidos (USDA)
12th Street and Independence Avenue, SW
Washington, DC 20250

El USDA ofrece publicaciones sobre ventas a USDA. Las publicaciones y programas en desarrollo de empresas también están disponibles a través de las oficinas de extensión de los condados en toda la nación.

Departamento de Comercio de los Estados Unidos (DOC)
Oficina de Enlace de Negocios
14th Street and Constitution Avenue, NW
Room 5898C
Washington, DC 20230

El Centro de Asistencia a Negocios del DOC provee listados de oportunidades de negocios disponibles en el gobierno federal. Este servicio también refiere los negocios a diferentes programas y servicio en el DOC u otras agencias federales.

Departamento de Salud y Servicios Humanos [HHS]
Servicio de Salud Pública
Administración de Alcohol, Abuso de Drogas y Salud Mental

5600 Fishers Lane
Rockville, MD 20857

Linea directa de asistencia: **1-800-843-4971**. Provee información acerca de los programas de asistencia a los empleados.

Instituto Nacional de Abuso de Drogas. Linea Directa: 1-800-662-4357. Provee información de como prevenir abuso de sustancia en su lugar de trabajo.La Oficina Nacional de Compensación para Alcohol y Drogas provee información gratuita: **1-800-729-6686**. También distribuyen publicaciones y otros materiales acerca de abuso de sustancia.

Departamento del Trabajo de los Estados Unidos (DOL)
Administración de Normas de Empleo
200 Constitution Avenue, NW
Washington, DC 20210

El DOL ofrece publicaciones sobre las leyes laborales.

Departmento del Tesoro de los Estados Unidos
Servicio de Impuestos sobre Ingresos (IRS)
P.O. Box 25866
Richmond, VA 23260

1-800-424-3676. El IRS ofrece información sobre impuestos requeridos para los pequeños negocios.

Agencia Federal de Protección Ambiental (EPA)
Mediador de disputas -- Pequeños negocios
401 M Street, SW (A-149C)
Washington, DC 20460

1-800-368-5888. excepto DC y VA 703-557-1938 en DC y VA

El EPA ofrece más de 100 publicaciones deginadas a ayudar a los pequeños negocios para que entiendan como pueden cumplir con los reglamentos.

Administración Federal de Drogas y Alimentos (FDA)
Centro para Seguridad de Alimentos y Nutrición Aplicada de FDA

200 Charles Street, SW
Washington, DC 20402

El FDA ofrece información sobre los requisitos de empaque y etiquetas de alimentos, y productos relacionados con los alimentos.

Para Más Información

Una bibliotecaria puede ayudarle a localizar la información específica que usted necesita en los libros de consulta. La mayoría de bibliotecas tienen una variedad de directorios, índices y enciclopedias que cubren muchos temas relacionados con los negocios. Ellas también tienen otros recursos tales como:

Información sobre cámaras de comercio -- Pregúntele a la bibliotecaria que le enseñe el directorio de las asociaciones de comercio. Las asociaciones proveen una red valiosa de recursos a sus miembros a través de publicaciones y servicios tales como boletines informativos, conferencias y seminarios.

Libros -- Muchas guías, libros de texto y manuales sobre pequeños negocios son publicados anualmente. Para encontrar los nombres de los libros que no se encuentran en su biblioteca local revise LIBROs PUBLICADOS, un directorio de los libros que actualmente están disponibles.

Artículos de Revistas y Periódicos -- Las revistas de negocios y profesionales proveen información que está más al dia que la que se encuentra los libros de textos. Hay un número de índices que le pueden ayudar a encontrar artículos específicos en las publicaciones periodicas.

En adición a los libros y revistas, muchas bibliotecas ofrecen talleres gratuitos, casettes que ayudan a capacitarce y tienen catálogos y folletos describiendo oportunidades de educación continua.

Ejemplo de un Plan de Negocio

Las siguientes paginas contienen muestras de planes de negocios al menudeo / minoristas divididos en secciones.

Plan De Negocio Para Un Negocio Minorista

Nombre de la Empresa: Tecnología Administrativa Americana [**AMT**]

1.0 Resumen Ejecutivo

Al enfocarse en sus puntos fuertes, sus clientes clave y los valores implícitos que ellos necesitan, Tecnología Administrativa Americana aumentará las ventas a más de $10 millones en tres años, al mismo tiempo que mejorara el margen bruto de las ventas y de la administración del efectivo y del capital de trabajo.

Este plan de negocio nos muestra el camino. Renueva la visión y enfoca la estrategia en nuestro mercado local: agrega valor a los segmentos de nuestro mercado objetivo, a los pequeños negocios y a los usuarios con sus oficinas caseras. Asimismo, proporciona paso por paso, el plan para mejorar nuestras ventas y el margen bruto de ganancias. Este plan incluye este resumen y los capítulos acerca de la compañía, productos y servicios, enfoque de mercado, planes de acción y pronósticos, equipo administrativo y plan financiero.

1.1 Objetivos

1. Aumentar las ventas a más de $10 millones en el tercer año.

2. Elevar el margen bruto de ganancias por encima del 25% y mantener el nivel.

3. Vender $2 millones en servicio, apoyo y capacitación para 1998.

4. Mejorar la rotación de inventario a 6 turnos el año que entra, 7 en 1996 y 8 en 1997.

1.2 Misión

AMT está basada en la suposición de que el manejo de la tecnología informática para los negocios se provee como asesoría legal, contabilidad, artes gráficas y otras áreas del conocimiento; aquí no están incluidos los prospectos que lo hacen por ellos mismos. Los empresarios inteligentes que no están interesados en la

140

computación necesitan encontrar proveedores confiables de equipo, programas, servicio y apoyo. Necesitan usar a estos proveedores de calidad así como utilizan a otros prestadores de servicios profesionales como aliados confiables.

AMT es tal proveedor. Sirve a sus clientes como un aliado confiable proporcionándoles la lealtad de un socio comercial y la economía de un proveedor externo. Nos aseguramos que nuestros clientes tengan lo que necesitan para manejar sus negocios de la mejor forma posible con máxima eficiencia y confiabilidad. Muchas de nuestras solicitudes de tecnología informática son críticas para la misión de la empresa, así que les damos a nuestros clientes la seguridad de que estaremos ahí cuando ellos nos necesiten.

1.3 Claves Para el Éxito

1. Diferenciarse de los negocios que sólo quieren vender movidos por los precios al ofrecer y proporcionar servicio y apoyo, y cobrar por eso.

2. Aumente el margen bruto de ganancia a más del 25%.

3. Aumentar las ventas de otros productos que no sean equipo en un 20% del total de las ventas para el tercer año.

2.0 Descripción de la Compañía.

AMT es una compañía de reventa de equipo de computación que se fundo hace 10 años y que registra ventas de $7 millones de dólares anuales, márgenes de ganancia en descenso y presión del mercado. Tiene una buena reputación, excelente personal y una posición estable en el mercado local; sin embargo, ha tenido problemas para mantener sus finanzas saludables.

2.1 Propietarios de la Compañía

AMT es una corporación C privada, en su mayoría propiedad de su fundador y presidente, Ralph Jones. Hay otros seis co-propietarios, incluyendo a cuatro inversionistas y dos antiguos empleados. Los inversionistas más grandes (en porcentaje de propiedad) son Frank Dudley, nuestro abogado y Paul Karots, nuestro asesor de relaciones públicas. Ninguno de ellos posee más del 15% pero ambos son participantes activos en la toma de decisiones.

2.2 Historia de la Compañía.

AMT ha quedado atrapada en las redes de las reducciones de márgenes de ganancia que ha afectado a los revendedores de computadoras en todo el mundo. Aunque en la gráfica de Desempeño Financiero anterior muestra que hemos tenido un crecimiento saludable en las ventas, también muestra un margen bruto y ganancias en descenso.

- Cifras más detalladas en la tabla 2.2 incluyen otros indicadores a los que también se debe poner atención.

- El porcentaje de margen bruto de ganancia ha estas disminuyendo constantemente, tal como lo vemos en la gráfica.

- La rotación de inventario está empeorando constantemente. Todos estos aspectos son parte de la tendencia general que está afectando a los revendedores de computadoras. La presión en la reducción de márgenes de ganancia está sucediendo en toda la industria de la computación alrededor del mundo.

Desempeño anterior	1994	1995	1996
Ventas	$3,773,889	4,661,902	$5,301,059
Ventas Brutas	$,189,495	$1,269,261	$1,127,568
Porcentaje bruto (calculado)	31.52%	27.23%	21.27%
Gastos de operación	$752,083	$902,500	$1,052,917
Período de cobranza (días)	35	40	45
Rotación de inventarios	7	6	5

Balance general: 1996
Activos a corto plazo
Efectivo $55,432
Cuentas por cobrar $395,107
Inventario $651,012

Otros activos a corto plazo	$25,000
Total de activos a corto plazo	$1,126, 551

Activos a largo plazo

Activos de capital	$350,000
Depreciación acumulada	$50,000
Total de activos a largo plazo	$300,000
Total de activos	$1,426,551

2.3 Deuda y capital

Cuentas por pagar	$223,897
Pagarés a corto plazo	$90,000
Otros pasivos a corto plazo	$15,000
Subtotal de los pasivos a corto plazo	$328,897
Pasivos a largo plazo	$284,862
Total de pasivos	$613,759
Pago a capital	$500,000
Ingresos retenidos	$238,140
Ingresos	$437,411 $366,761 $74,652
Capital total	$812,792
Capital y deuda total	$1,426,551

Otras entradas: 1996
Días de pago 30

Ventas a crédito	$3, 445,688

Movimiento de cuentas por cobrar 8.72

2.4 Localidad e Instalación de la Compañía.

Tenemos una sola instalación, una tienda de 7,000 pies cuadrados en un centro comercial suburbano con ubicación accesible cerca del área del centro. La tienda incluye área de capacitación, el departamento de servicio, oficinas y área de exposición.

3.0 Productos y servicios

AMT vende tecnología de computadoras personales para negocios pequeños incluyendo hardware para computadoras personales, periféricos, redes de trabajo, software, apoyo, servicio y capacitación.

Últimamente lo que realmente estamos vendiendo es tecnología informática. Vendemos confiabilidad y seguridad. Vendemos a los empresarios con negocios pequeños la seguridad de saber que sus negocios no sufrirán un colapso en su tecnología informática.

AMT sirve a sus clientes como un aliado confiable, brindándoles la lealtad de un socio comercial y la economía de un vendedor externo. Nos aseguramos que nuestros clientes tengan lo que necesitan para hacer funcionar sus negocios lo mejor posible, con el máximo de eficiencia y confiabilidad. Debido a que muchas de nuestras aplicaciones de información son críticas para la misión, les damos a nuestros clientes la confianza de que estaremos ahí cuando ellos nos necesiten.

3.1 Descripción de Productos y Servicios

En cuanto a las computadoras personales, damos apoyo en tres áreas principales: La "Super Home" es nuestra computadora más pequeña y económica, inicialmente el fabricante la catalogó como una computadora casera. La utilizamos principalmente como una estación de trabajo barata para instalaciones comerciales pequeñas. Sus especificaciones son... La "Power User" es nuestra línea principal en escala ascendente. Es nuestro sistema principal para ofician en casa y estaciones de trabajo principales para pequeños negocios por su . . . Sus fortalezas principales son . . . sus especificaciones incluyen. .. son ....

La "Business Special" es un sistema intermedio que se usa para llenar el vacío que pueda haber en el posicionamiento. Sus especificaciones incluyen . . . En cuanto a periféricos, accesorios y otro equipo de computo, contamos con una línea completa de artículos necesarios, desde cables y formularios hasta tapetes para ratón ...

En servicio y apoyo, ofrecemos servicio para clientes que llegan sin cita, para quienes dejan sus sistemas depositados, contratos de mantenimiento y garantías a domicilio. No hemos tenido mucho éxito en la venta de contratos de servicio. Nuestra capacidades como red de trabajo...

En software, vendemos una línea completa ...

En capacitación ofrecemos ...

3.2 Comparación de Competitividad

La única forma en la que podemos esperar diferenciarnos bien es definir la visión de la compañía para ser un aliado de la tecnología informática para nuestros clientes. No podremos competir de manera eficiente con las cadenas que utilizan las computadoras o productos como electrodomésticos. Necesitamos ofrecer una verdadera alianza. Entre los beneficios que vendemos se incluyen muchos aspectos intangibles: seguridad, confiabilidad, saber que alguien estará ahí para responder cualquier pregunta y ayudar en los momentos importantes.

Éstos son productos complejos, productos que requiere conocimiento y experiencia para usarlos, mientras que nuestra competencia sólo vende los productos en sí.. Desafortunadamente nosotros no podemos vender los productos más caros sólo porque ofrecemos servicios; el mercado ha probado que no se puede apoyar este concepto. También debemos vender el servicio y cobrarlo por separado.

3.3 Literatura para Apoyar las Ventas

Se anexan copias de nuestros folletos y anuncios en los apéndice. Por supuesto que una de nuestras primeras tareas será cambiar el mensaje de nuestra literatura para asegurarnos de que estamos vendiendo la compañía y no el producto.

3.4 Fuentes

Nuestros costos son parte de la reducción de márgenes de ganancias. Mientras la competencia de precios aumenta, la presión entre el precio del fabricante en los canales de distribución y el precio de compra para los usuarios finales continúa aumentando.

Con las líneas de equipos de cómputo, nuestros márgenes están disminuyendo constantemente. Por lo general compramos a ... Por lo tanto, nuestros márgenes se presionan del 25% hace cinco años a un 13 ó 15% en la actualidad. En la línea principal de periféricos se puede observar una tendencia similar, con los precios para impresoras y monitores disminuyendo constantemente. Asimismo, estamos empezando a ver esta misma tendencia con los programas.... Para poder mantener los costos tan bajos como sea posible, concentramos nuestras compras con Hauser, que ofrece términos netos de 30 días y envío al día siguiente desde su almacén de Dayton. Necesitamos concentrarnos en asegurar que nuestro volumen nos dé poder de negociación.

En accesorios y aditamentos aún podemos sacar márgenes decentes, de 25% a 40%. Para el software, los márgenes son...

3.5 Tecnología

Por años hemos apoyado las tecnologías tanto de Windows como de Macintosh para CPUs, a pesar que hemos cambiado muchas veces de vendedores para las líneas de Windows (y anteriormente DOS). También estamos apoyando a Novell, Banyon y Microsoft en cuanto a redes, programas de manejo de datos Xbase y los productos Claris.

3.6 Productos y Servicios Futuros

Debemos permanecer a la zaga de las nuevas tecnologías ya que de eso vivimos. Para las redes, necesitamos brindar mejor conocimiento sobre las tecnologías de plataformas cruzadas. Asimismo, estamos presionados a mejorar nuestro entendimiento de la conexión directa a Internet y las comunicaciones relacionadas. Por último, aunque tenemos un buen domino de lo que es el desktop publishing, debemos preocuparnos por mejorar en la integración de tecnologías que hacen del fax, copiadora, impresora y correo de voz parte del sistema de cómputo.

4.0 Resumen del Análisis de Mercado

AMT se enfoca en los mercados locales, los pequeños negocios y las oficinas caseras, con un enfoque especial en las oficinas caseras con mayor carga de trabajo y las oficinas pequeñas de 5 a 20 unidades.

4.1 Segmentación del Mercado

La segmentación permite un marco de aproximados y definiciones no específicas. Nos enfocamos en un nivel pequeño-mediano de los pequeños negocios y es difícil encontrar información que haga una clasificación exacta. Nuestras compañías objetivo son lo suficientemente grandes para necesitar tecnología informática de alta calidad que ofrecemos pero demasiado pequeñas para tener un personal de manejo del equipo de cómputo por separado, tal como un departamento de sistemas de informática. Decimos que nuestro mercado objetivo tiene de 10 a 50 empleados y requiere de 5 a 20 estaciones de trabajo conectadas unas con otras en una red de trabajo; la definición es flexible.

Resulta todavía más difícil definir la oficina casera con gran carga de trabajo. Por lo general sabemos las características de nuestro mercado objetivo pero no podemos encontrar clasificaciones sencillas que encajen con los datos demográficos disponibles. La oficina casera con gran carga de trabajo es un negocio, no un pasatiempo. Genera el dinero suficiente para ameritar la atención real del dueño en cuanto a la tecnología informática de calidad, lo que quiere decir que hay tanto el presupuesto como la preocupación que garantizan trabajar con nuestro nivel de calidad de servicio y apoyo. Podemos suponer que no estamos hablando de oficinas caseras que la gente sólo utiliza por tiempo parcial porque trabajan en otro lado durante el día y que nuestras oficinas caseras que son nuestro mercado objetivo quieren tener tecnología poderosa y múltiples conexiones entre el equipo de cómputo, telecomunicaciones y video.

4.2 Análisis de la Industria

Somos parte del negocio de la reventa de equipos de cómputo, lo que incluye varias clases de negocios:

1. Distribuidores de computadoras: los revendedores de computadoras en tienda, por lo general en una superficie menor de 5,000 pies cuadrados, a menudo se enfocan en unas cuantas marcas de computadoras, ofrecen sólo un mínimo de programas y cantidades diversas de servicio y apoyo. Por lo general éstas son tiendas de computadoras al estilo antiguo (de la década de los años 80) y generalmente ofrecen relativamente pocas razones para comprarles. Su servicio y apoyo por lo general no es de buena calidad y sus precios son más altos que las grandes tiendas.

2. Las cadenas de tiendas y supertientas de computadoras: éstas incluyen cadenas importantes como CompUSA, Computer City, Future Shop. etc. Casi siempre tienen más de 10,000 pies cuadrados de espacio, por lo general ofrecen un buen servicio a los clientes que entran y a menudo son locales tipo bodega a donde la gente llega y encuentra los productos de cómputo en cajas con precios muy buenos y poco apoyo.

3. Órdenes por correo: Cada vez más el mercado es atendido por los negocios que venden por correo que ofrecen precios muy buenos en los equipos de cómputo. Para el comprador que sólo se deja llevar por el precio y no espera servicio, éstas son excelentes opciones.

4. Otros: Hay muchos canales por los que la gente compra sus computadoras, las variaciones principales que por lo general son variación de los tres tipos anteriores.

4.2.1 Participantes de la Industria

1. Las cadenas nacionales tienen una presencia en crecimiento. CompUSA, Computer City, Incredible Universe, Babbages, Egghead y otras. Ellos se benefician de sus campañas nacionales de publicidad, las economías de

escala, compras de volumen y una tendencia general hacia la lealtad con las marcas por comprar en los canales así como por comprar los productos.

2. Las tiendas locales de computadoras están amenazadas. Éstas tienden a ser negocios pequeños y sus dueños son personas que las abrieron porque les gustaban las computadoras. Están descapitalizados y mal administrados. Sus márgenes están disminuyendo porque compiten contra las cadenas nacionales, en una competencia basada en el precio más que en el servicio y apoyo.

4.2.2 Patrones de Distribución

Los pequeños negocios están acostumbrados a comprar a los vendedores que visitan sus oficinas. Esperan a los vendedores de copiadoras, de productos de oficina, de muebles de oficina, así como a los diseñadores gráficos locales, escritores independientes o quien sea para vender sus productos o servicios en sus oficinas.

Por lo general hay mucha fuga de clientes en las compras ad-hoc a través de las cadenas de tiendas locales y compras por correo. A menudo los administradores tratan de desanimar esto pero sólo tienen un éxito parcial.

Desafortunadamente, nuestros compradores objetivos con oficinas caseras no esperan comprar con nosotros. Muchos de ellos van de inmediato a las supertiendas (equipo de oficina, papelería y artículos electrónicos) y ordenan por correo para obtener el mejor precio sin darse cuenta que existe una mejor opción para ellos con sólo pagar un poco más.

4.2.3 La Competencia y los Patrones de Compra

Los compradores de la pequeña empresa entienden el concepto de servicio y apoyo y es mucho más probable que lo paguen cuando la oferta se establece claramente.

No hay duda alguna que competimos mucho más contra los que quieren sólo vender computadoras que contra otros prestadores de servicios. Necesitamos competir efectivamente contra la idea de que ese negocio tiene que comprar computadoras como aparatos electrodomésticos que sólo conectan y que no requieren mantenimiento constante, ni apoyo, ni capacitación. Nuestro sesiones con grupos focalizados indicaron que las oficinas caseras objetivo consideran el

148

precio pero compran basados en la calidad del servicio, siempre y cuando la oferta se presenta adecuadamente. Consideran el precio porque eso es todo lo que ellos ven. Nosotros tenemos excelentes indicaciones que muchos prefieren pagar de un 10% a un 20% más por una relación a largo plazo con un vendedor que ofrece respaldo y calidad en el servicio; los clientes acaban comprando en tiendas de los que sólo quieren vender computadoras porque no están conscientes de las alternativas que tienen. La disponibilidad también es muy importante. Los compradores con oficinas caseras tienden a desear soluciones locales e inmediatas a sus problemas.

4.2.4 Competidores Principales

Cadenas de tiendas:

Tenemos ya a la tienda 1 y a la tienda 2 en el Valle, y se espera que la tienda 3 abra a finales del próximo año. Si nuestra estrategia funciona, nos habremos distinguido de los demás lo suficiente par no tener que competir contra estas tiendas.

Fortalezas: imagen nacional, gran volumen, precios agresivos, economías a escala.

Puntos débiles: falta de producto, servicio y apoyo con conocimiento, falta de atención por parte del personal.

Otras tiendas locales de computadoras:

La tienda 4 y la tienda 5 están ubicadas en el área del centro. Ambas compiten contra las cadenas en un intento por igualar los precios. Si se les pregunta, lo dueños dirán que los márgenes están disminuyendo por las cadenas y que los clientes sólo compran basándose en el precio. Dicen que han tratado de ofrecer servicios y que sus compradores no están interesados, por el contrario, sólo les interesan los precios bajos. Creemos que también el problema es que no ofrecieron un servicio de verdadera calidad y que no se diferenciaron de las cadenas.

4.3 Análisis del Mercado

Las oficinas caseras en Tintown son un segmento importante del mercado que está creciendo mucho. A nivel nacional, existen alrededor de 30 millones de oficinas caseras y el número está creciendo un 10% cada año. Nuestros cálculos de oficinas caseras en este plan para nuestro mercado esta basados en el análisis que se publico hace cuatro meses en el periódico local.

Las oficinas caseras son de diversos tipos. Las más importantes, para cuestiones de enfoque de nuestro plan, son las oficinas caseras que son las únicas oficinas de negocios reales, es decir que la gente vive de ellas. Es muy probable que estas oficinas sean de servicios profesionales como diseñadores gráficos, escritores, asesores, algunos contadores y en ocasiones abogados, médicos o dentistas. También hay oficinas caseras que trabajan medio tiempo con gente que trabaja en otro lado durante el día y en casa durante la noche, gente que trabaja en casa para obtener un ingreso de medio tiempo o gente que tiene una oficina casera que está relacionada con sus pasatiempos; nosotros no nos estaremos enfocados en este segmento.

Los pequeños negocios dentro de nuestro mercado incluyen casi a cualquier negocio minorista, de oficina, profesional o industrial que generalmente se encuentra fuera de la casa de alguien y tiene menos de 30 empleados. Calculamos que 45,000 de estos negocios están en nuestra área de mercado.

El estimado de 30 empleados es arbitrario. Nos hemos dado cuenta que las compañías más grandes se van con otros vendedores, pero podemos vender a los departamentos de grandes compañías y no deberíamos perderlos una vez que los hemos conseguido. Análisis del mercado . . . (números y porcentajes)

5.0 Resumen de Estrategia e Instrumentación

1. Enfatizar el servicio y el apoyo.

   Debemos diferenciarnos de quienes sólo quieren vender computadoras en caja. Necesitamos establecer nuestra oferta de servicios como una alternativa clara y viable para nuestro mercado objetivo al comprador que sólo se basa en el precio.

2. Construir un negocio basado en las relaciones.

   Construir relaciones a largo plazo con los clientes, no solo transacciones de una sola vez con cliente. Debemos convertirnos en su departamento de cómputo, no sólo en sus vendedores. Hacerles entender el valor de la relación.

3. Enfocarnos en los mercados objetivo.

   Necesitamos enfocar nuestras ofertas en los pequeños negocios como el segmento de mercado principal que debemos poseer. Esto quiere decir conectar sistemas de 5 a 20 unidades, en red de trabajo local en compañías de 5 a 50 empleados. Nuestros valores -capacitación instalación, servicio, apoyo, conocimiento - se distinguen con más claridad en este segmento.

Como colorario, las oficinas caseras con gran carga de trabajo también son un mercado apropiado. No queremos competir por los compradores que acuden a las cadenas de tiendas o compran por correo; sin embargo, definitivamente queremos poder vender sistemas individuales a los compradores inteligentes con oficinas caseras que quieren un proveedor de servicio completo y confiable.

4. Diferenciarse y Cumplir la Promesa.

No podemos únicamente vender servicio y apoyo, también debemos cumplir. Debemos asegurarnos que contamos con el negocio del conocimiento intensivo y el negocio del servicio intensivo que decimos ser.

5.1 Estrategia de Mercadotecnia

La estrategia de mercadotecnia es el centro de la estrategia principal:

1. Enfatizar en el servicio y el apoyo.

2. Basar el negocio en relaciones a largo plazo.

3. Enfocarse en los pequeños negocios y en las oficinas caseras con gran carga de trabajo como sus mercados objetivos principales.

5.1.2 Estrategia de Fijación de Precios

Debemos cobrar adecuadamente por los servicio de apoyo y de alta calidad así como por los buenos resultados que ofrecemos. Nuestra estructura de rendimiento tiene que coincidir con la estructura de costo para que los salarios que pagamos aseguren un buen servicio y el apoyo este balanceados con los costos que cobramos.

No podemos basar las ganancias de los servicios y el apoyo en los precios de los productos. El mercado no puede aguantar los precios altos ya que el comprador se siente utilizado cuando ven el mismo producto a un precio más bajo en las cadenas de tiendas. A pesar de la lógica detrás de esto, el mercado no apoya este concepto.

Por lo tanto debemos asegurarnos que entregamos y cobramos servicio y apoyo. Capacitación, servicio, instalación, apoyo a redes de trabajo -todo esto debe estar disponible de inmediato y con precios para venderse y generar una ganancia.

5.1.3 Estrategia de Promoción

Dependemos de la publicidad en periódicos como nuestra forma principal de alcanzar a nuevos compradores. De la misma forma que cambiamos las estrategias, necesitamos cambiar la forma en que nos promocionamos:

1. Publicidad

   Estaremos desarrollando nuestra mensaje central de posicionamiento: "Servicio a domicilio las 24 horas, 365 días al año sin cargo adicional" para diferenciar nuestro servicio del de la competencia. Utilizaremos la publicidad de los periódicos locales, radio y televisión por cable para lanzar la campaña inicial.

2. Folleto para Ventas

   Nuestra competencia promueve su tienda, no los precios de los catálogos y descuentos.

3. Debemos mejorar radicalmente nuestros esfuerzos de correo directo, llegando a nuestros clientes establecidos con capacitación, servicios de apoyo, mejoras y seminarios.

4. Por ejemplo, es tiempo de trabajar más de cerca con los medios de comunicación locales. Podríamos ofrecer a las estaciones de radio locales un programa de discusión acerca de tecnología para la pequeña empresa.

5.2 Estrategia de ventas

1. Necesitamos vender la compañía, no el producto. Vendemos AMT, no Apple, IBM, Hewllet-Packard o Compaq o cualquier otro nombre de nuestro software.

2. Tenemos que vender nuestro servicio y apoyo. El equipo es como el rastrillo y las navajas son el apoyo, el servicio, los programas, la capacitación y los seminarios. Necesitamos servir a nuestros clientes con lo que ellos verdaderamente necesitan.

La gráfica de ventas totales al año resumen nuestro ambicioso pronóstico de ventas. Esperamos que éstas aumenten de $5.3 millones el año pasado a más de $7 millones el próximo año y a más de $10 millones en el último año de este plan.

5.2.1 Pronóstico de Ventas

Los elementos importantes del pronóstico de ventas se muestran en las ventas totales por mes al año de la tabla 1. Las ventas por productos que no son de equipo de cómputo aumentaran alrededor de $2 millones en total durante el tercer año. Pronóstico de ventas . . . (números y porcentajes)

Plan De Negocio Para Un Negocio Minorista

Nombre de la Empresa: Elsewares

Resumen inicial

El 3% de los costos iniciales se irá a los activos.

Se comprará el edificio con un enganche de $8,000 con una hipoteca a 20 años. La máquina para preparar espresso costará $4,500 (depreciación directa a tres años).

Los costos iniciales se financiarán por medio de una combinación de inversión del propietario, préstamos a corto plazo y préstamos a largo plazo. La tabla de inicio muestra la distribución de las finanzas.

Otros gastos misceláneos incluyen:

- Pago de $1,000 por asesoría en mercadotecnia y publicidad para el logotipo de la compañía así como por la asistencia en el diseño de los folletos para la inauguración.

- Servicios legales por los trámites como corporativa ($300).

- Pago de asesoria para el diseño de venta de mercancías al menudeo, mapa de distribución de la tienda y asesoria para la compra de muebles y accesorio por $3,500.

Plan inicial

- Gastos iniciales
- Legales $300
- Asesores en mercadotecnia $1,000
- Seguro comercial y de responsabilidad $600
- Primer mes de renta mas deposito (pmt + deposit) $2,500
- Costos de diseño $3,500
- Oros $0

- Total de gastos iniciales $7,900

Activos Iniciales Necesarios

- Requerimientos de dinero en efectivo $7,000
- Inventario inicial $16,000
- Otros activos a corto plazo $1,000
- Total de activos a corto plazo $24,000
- Activos a largo plazo $ 140,000

- Total de activos $164,000
- Total de requerimientos iniciales: $171,900
- Cantidad para financiar: $0

Plan de Fondos Iniciales Inversión

- Luke Walsh $10,900
- Lisa Isermann $2,900
- Otros $0
- Total de inversión $13,800

Dinero Prestado a Corto Plazo

- Gastos no pagados $0
- Préstamos a corto plazo $10,000
- Préstamos a corto plazo sin intereses $1,000
- Subtotal del dinero prestado a corto plazo $11,000
- Dinero prestado a largo plazo $148,000
- Total del dinero prestado $159,000
- Pérdida inicial ($8,800)
- Capital total $5,000
- Total de la deuda y capital $164,000
- Comprobación $0

Plan Financiero

Elsewares está buscando un paquete financiero de $300,000.00 basado en un pagaré a vencerse en cinco años pero con una amortización de 15 años. El pagaré estará garantizado personalmente por los activos de Greenbaum. Al amortizar el pagaré por 15 años, la compañía tendrá la oportunidad de establece un registro saludable que le permitirá obtener financiamiento alternativo para el saldo. Con base en esta estrategia, Elsewares propone el siguiente programa de pagos:

Del mes 1 al 12: No se hacen pagos a capital o intereses

Del mes 13 al 24: 15% de interés más 10% de la ganancia neta

Del mes 25 al 48 10% de interés más 15% de la ganancia neta

Del mes 49 al 60 10% de interés más 20% de la ganancia neta

Se debe considerar que los dueños de Elsewares no tiene la intención de sacar ninguna ganancia del negocio hasta que se haya pagado la deuda a largo plazo. Lo que reste de las ganancias, después de los pagos arriba mencionados, se utilizarán para financiar el crecimiento, principalmente a través de la adquisición de inventario adicional.

Indicadores Financieros Clave

El indicador más importante en nuestro caso es la rotación de inventario. Tenemos que asegurarnos que nuestro inventario de bolsas empacadas o cualquier otro producto empacado rote un mínimo de cinco veces para evitar un impacto negativo en nuestros costos de bienes vendidos y en nuestro flujo de caja.

Los días de cobro son muy importantes. No nos conviene que nuestro período de cobranza sobrepase los 45 días, bajo ninguna circunstancia. Esto podría causar un problema muy serio con nuestro flujo de efectivo ya que nuestra situación de capital activo está muy restringida. Puede ser necesario que se instrumente una variedad de condiciones de pago con diferentes distribuidores que dependan de su historial de pago. En casos extremos, el pago por adelantado de órdenes puede ser la única condición de extensión. Nos apoyaremos fuertemente en nuestra suscripción al Servicio de Crédito ASI por su valiosa información de pre-venta.

Debemos mantener márgenes brutas de ganancia de por lo menos del 90%, y mantener los costos de mercadotecnia en no más del 20% de nuestras ventas.

Equipo administrativo

Elsewares está organizado en cuatro áreas principales de funcionamiento: compra de productos; ventas y mercadeo; producción y distribución; administración y finanzas. Edie Greenbaum: Presidenta y fundadora. La señora Greenbaum dirigía el departamento financiero para una operación de menudeo inicial cuyas ventas se elevaron hasta un poco menos de un millón de dólares en siete años. Ella también ha pasado el último año y medio dirigiendo el departamento de ventas de un proveedor de productos especializados de publicidad que aparece en la lista de ASI.

La señora Greenbaum tiene una licenciatura en Administración de Empresas de la UCLA., está casada y tiene un hijo.

Gary Greenbaum: Co-fundador. El señor Greenbaum dirige las operaciones diarias de las ventas al menudeo antes mencionada como socio de la señora Greenbaum. El señor Greenbaum tiene una licenciatura en Administración de Empresas del colegio Franklin & Marshal, está casado y tiene un hijo.

Marvin Rosenbaum: Asesor. El señor Rosenbaum ha estado asociado con la Industria las Especialidades en Publicidad por alrededor de 25 años y tiene credenciales como Especialista Certificado en Publicidad. Durante su carrera profesional, el señor Rosenbaum ha trabajado tanto para proveedores como distribuidores quienes estaban empezando una nueva compañía como lo estamos haciendo nosotros o estaban intentando penetrar al mercado de las especialidades publicitarias con productos que ya estaban distribuyendo en otros mercados. El señor Rosenbaum es el responsable de la entrada exitosa de muchas compañías en esta industria y ha mantenido un gran número de contactos comerciales con muchos de los líderes de la industria. El señor Rosenbaum está casado y tiene dos hijos.

El Plan del Área de Recursos Humanos

La piedra angular del plan del Área de Recursos Humanos es maximizar la producción y minimizar la carga laboral en los gastos de operación. Con este objetivo en mente, la nómina inicial consistirá de los siguientes desembolsos:

Hasta que las ventas aumenten se podrán pagar salarios adicionales, Edie Greenbaum supervisará las operaciones sin cobrar salario alguno. La señora Greenbaum estará a cargo de las operaciones diarias que incluyen las políticas de personal de la compañía, supervisará el departamento de ventas y el de mercadotecnia

El señor Marvin Rosenbaum estará a la cabeza del departamento de ventas y mercadeo como asesor independiente con una cuota de $200 por día de trabajo. El señor Rosenbaum se encargará de iniciar nuevos mercados con la red de distribuidores de ASI y de restablecer los contactos existentes con distribuidores con quieres tuvo relaciones comerciales en el pasado. Asimismo, el señor Rosenbaum supervisará la red de representantes de ventas pagados por comisiones que llamarán a los distribuidores y sus territorios asignados previamente. Edie Greenbaum completará el departamento de ventas y se encargará también de llamar a los distribuidores tal como lo indique el señor Rosenbaum.

El señor Greenbaum, con un salario de $36,000 al año, se encargará de dirigir el departamento de servicio al cliente el cual incluirá el manejo de pedidos telefónicos y de catálogos. Además se encargará de dirigir las operaciones de cómputo de la compañía y se espera que juegue un papel muy importante en la obtención de nuevos productos.

Hasta que los aumentos en las ventas justifiquen personal adicional en este departamento, el señor Greenbaum se encargará de las diversas actividades secretariales aparte de las responsabilidades que antes se mencionaron. Estamos proyectando la división de este departamento en dos puestos después de 14 meses de funcionamiento, aproximadamente. El señor Greenbaum entonces cambiará sus responsabilidades a mercadeo y compras y un empleado nuevo se encargará del departamento de servicio al cliente, así como las labores relacionadas.

Elsewares se apoyará con trabajadores de medio tiempo para los trabajos de impresión, almacenamiento y distribución. Hemos presupuestado $500 semanales para este fin. Naturalmente, conforme aumente la necesidad, todas estas áreas se dividirán en dos departamentos. Una persona de tiempo completo se contratará para manejar el departamento de impresión y una segunda se contratara para manejar tanto el envío como la recepción de mercancía. Estamos proyectando la necesidad de mano de obra en aproximadamente el décimo primer mes de operación.

Asistencia Tecnica A Negocios Pequeños

Centros De Desarrollo Empresarial

Una Visión General y su Misión

La Agencia Federal para el Desarrollo de la Pequeña Empresa administra el Programa de los Centros de Desarrollo Empresarial (SBDCs por las siglas en inglés de Small Business Development Center) para proveer asistencia empresarial a actuales y potenciales dueños de pequeños negocios. Los SBDCs ofrecen asistencia a pequeños negocios en un solo local proveyéndolos de una gran cantidad de información y orientación en localidades fácilmente accesibles.

El programa es un esfuerzo de cooperación del sector privado, la comunidad educativa y los gobiernos locales y federales. Mejora el desarrollo económico mediante la asistencia técnica y administrativa a los pequeños negocios.

Hay en la actualidad 58 Centros de Desarrollo Empresarial --- uno en cada estado (Texas tiene 4) el Distrito de Columbia, Guam, Puerto Rico, Samoa y las Islas Vírgenes – con servicio en cerca de 1000 localidades. En cada estado hay una organización líder la cual patrocina los SBDSs y maneja el programa. La organización líder coordina los servicios del programa ofrecidos a los pequeños negocios mediante una red de subcentros y localidades satélites en cada estado. Los subcentros están ubicados en colegios y universidades, colegios comunitarios, escuelas vocacionales, cámaras de comercio y corporaciones de desarrollo económico.

La asistencia esta diseñada para la comunidad local y las necesidades individuales de cada cliente. Cada centro otorga servicios en cooperación con las oficinas de distrito de la SBA para asegurar coordinación estatal con otros recursos disponibles.

Cada centro tiene un director, empleados de tiempo completo, tiempo parcial y voluntarios. Se reclutan personas calificadas de asociaciones profesionales y comerciales, de la comunidad legal, bancaria y académica, cámaras de comercio y de la Asociación de Ejecutivos Jubilados (SCORE) quienes donan sus servicios.

Los SBDSs también usa consultores pagados, ingenieros consultores, laboratorios de pruebas del sector privado para ayudar a clientes que necesitan expertos especializados.

Financiamiento

La SBA proporciona el 50 por ciento o menos de los fondos para operar cada Centro de Desarrollo Empresarial Estatal, uno o dos más patrocinadores proporcionan el resto. Esta contribución de fondos complementarios a proveen la legislatura estatal, subsidios de fundaciones del sector privado, cámaras de comercio locales y estatales, corporaciones de desarrollo económico con capítulos estatales, universidades públicas y privadas, escuelas técnicas y vocacionales, colegios comunitarios, etc. Cada vez más, la contribución de los patrocinadores excede el 50 por ciento mínimo del fondo complementario.

¿Qué hace el programa?

El programa de los SBDC esta diseñado para proporcionar asesoría actualizada, entrenamiento y asesoría técnica en todos los aspectos del manejo de una pequeña empresa. Los servicios de los SBDCs, incluyen, pero no se limitan a asistencia a pequeños negocios en cuestiones de financiamiento, mercadotecnia, producción, organización, ingeniería y estudios de factibilidad y problemas técnicos.

Los programas especiales de los SBDCs y las actividades de desarrollo económico incluyen asistencia en comercio internacional, asistencia técnica, asistencia para participar en licitaciones, formación de capital de riesgo y desarrollo rural.

Los SBDCs también hacen un esfuerzo especial para servir a miembros de las minorías, a grupos social y económicamente en desventaja, veteranos, mujeres y personas discapacitadas. La asistencia se provee tanto a dueños de negocio potenciales como ya existentes. También se les proporciona asistencia a los pequeños negocios que solicitaron subsidios de agencias federales para Innovación e Investigación de Pequeños Negocios.

Elegibilidad

La asistencia de los SBDCs está disponible a cualquiera que esté interesado en comenzar una pequeña empresa por primera vez o expandir un negocio existente, que no pueda pagar por los servicios de un consultor privado.

Información Adicional

Además del programa de los SBDCs, la SBA tiene una gran variedad de otros programas y servicios disponibles. Programas de educación y entrenamiento, asesoría, publicaciones, programas de financiamiento y asistencia para contrataciones con el gobierno.

La SBA tiene oficinas ubicadas en todo el país. Para la más cercana a Ud., consulte el directorio telefónico bajo "U. S. Government" o llame a las Oficinas de Información de la SBA al 1-800-8-ASK-SBA o (202) 205-7064 (fax). Para personas con problemas auditivos, el número TDD es (202) 205-7333.

Centros de Desarrollo Empresarial en el País
http://www.sba.gov/sbdc/sbdcnear.html

Centros de Información Empresarial

Los Centros de Información Empresarial (Bics por las siglas en inglés de Business Information Centers) de la Agencia Federal para el Desarrollo de la Pequeña Empresa (SBA por las siglas en inglés de (U.S. Small Business Administration), proveen en un solo local asistencia y asesoría a propietarios actuales y potenciales de negocios. Los Centros de Información Empresarial combinan lo último en tecnología como programas y equipo de cómputo y una extensa biblioteca, referencias y publicaciones, videos sobre administración para ayudar a los empresarios a planear su negocio, expandir su negocio actual o aventurar su negocio en nuevas áreas. El uso de programas para diferentes aplicaciones empresariales ofrece respuesta a todo tipo de clientes con diversas necesidades.

Además de las computadoras, programas y materiales de referencia que pueden usar, los BICs tienen consultoría en el lugar provisto por la Asociación de Ejecutivos Jubilados (SCORE). Estos hombres y mujeres de negocio jubilados comparten su experiencia y conocimiento para asistir a clientes con problemas y asuntos que se presenten al administrar y ampliar un negocio pequeño.

La asesoría es personalizada, lo cual lleva al propietario del pequeño negocio a desarrollar un –plan de acción personalizado que a su vez lleva a la toma de decisiones correctas par sus negocios. Algunos Centros de Información Empresarial han establecido conexiones con Centros de Desarrollo Empresariales y juntos no sólo ofrecen asesoría y entrenamiento general sino también especializado.

Las personas que ya están en los negocios o están interesados en comenzar uno, pueden usar los BICs tan frecuentemente como lo deseen de forma gratuita. Para el dueño de negocio potencial, las visitas al BIC pueden ser mas frecuentes cuando están haciendo la investigación inicial necesaria para tomar la decisión de comenzar su negocio. Los dueños de negocio activos pueden usar los BICs con menor frecuencia, pero encontrarán muchos recursos para ayudar a expandir su negocio.

Cada Centro de Información Empresarial añade nuevo material y recursos durante todo el ano, conforme se van dando cuenta de las necesidades especiales de la comunidad de pequeños negocios. Los BICs también se usan para informar al público de las nuevas iniciativas y programas ofrecidos por la SBA y contactan dueños de negocios quienes de otra forma no pudieran aprovechar los programas y servicios de la SBA. Cada BIC tiene acceso a SBA en línea, al boletín electrónico de la agencia, y la mayoría tiene acceso a la Internet.

Para localizar el Centro de Información Empresarial en su área:
http://www.sba.gov/BI/maps/

Los Centros De Mujeres Empresarias

Asistencia a Negocios Pequeños en los Centros de Mujeres Empresarias. Usted no pudo haber escogido un mejor momento que ahora para ser empresaria. Las mujeres están iniciando negocios al doble que otros sectores de la población y por los tres primeros años han sobrevivido más que el promedio. Hoy más que nunca los negocios propiedad de mujeres tienen mayor acceso al capital, incluyendo el capital de riesgo. Los Centros de Mujeres Empresarias de la SBA en todo el país ofrecen recursos que tratan temas únicos que enfrenta la mujer al iniciar y desarrollar un negocio.

¿Qué ofrecen los Centros de Mujeres Empresarias?

En más de 80 centros localizados en cada estado y territorio de la Unión Americana, los Centros de Mujeres Empresarias ofrecen lo último en información sobre negocios y capacitación constante, ejemplos de casos exitosos, capacitación en computación y acceso al Internet, asesoría en negocios individual y colectiva, acceso a los programas y servicios de la SBA y mucho más. Los centros responden a las necesidades de las comunidades que los rodean de forma creativa y flexible - modificando cursos, añadiendo talleres de trabajo y seminarios, ofreciendo servicios en varios idiomas, tratando temas culturales y sociales y adaptando sus horarios. Pueden proveer servicio de guardería infantil durante las clases y ofrecer asistencia en lugares más accesibles. En algunas áreas, camionetas equipadas con computadoras llevan los programas a los clientes.

Los centros buscan proveer servicios que no han sido cubiertos por otros en la comunidad, trabajando en conjunto con otros programas brindando servicios complementarios. Los centros trabajan muy de cerca con la oficina distrital más cercana de SBA y sus socios- tales como La Asociación de Ejecutivos Jubilados y los Centros de Desarrollo Empresarial - para ampliar el ámbito de los servicios disponibles. Los centros desarrollan lazos fuertes con la comunidad y apoyan a los que la sirven.

¿Cuánto cuesta?

Muchas de las clases que ofrecen los centros son gratuitas o tienen un pequeño costo. Con frecuencia hay becas para quienes la necesitan. Los centros prestan especial atención en la ayuda a mujeres de bajos o moderados recursos.

¿Qué pasa si no puedo ir a un Centro de Mujeres Empresarias?

No hay problema. Una gama completa de servicios está disponible en Internet, aun cuando no tenga una computadora, puede usar la de una amiga, las de las bibliotecas públicas o las de las escuelas. El centro virtual para empresarias es gratuito, una página interactiva que pone en contacto lo mejor de los Centros de Mujeres Empresarias a nivel nacional. Está disponible a cualquier hora y en cualquier parte del mundo en la siguiente dirección: www.onlinewbc.gov

El Centro virtual para empresarias provee desde un programa completo de capacitación sobre negocios hasta asesoría individual, así como acceso a los programas y servicios de la SBA. También ofrece una guía local de servicios, charlas y boletines informativos, un lugar para enlazarse con otros negocios alrededor del mundo, y un sin fin de enlaces con otras páginas de negocios importantes. La información y los servicios están disponible en inglés, chino, islándico, japonés, ruso y español, y pronto estará disponible en francés y árabe.

Para mayor información:

Para mayor información de éste y otros programas, servicios y recursos de la SBA, comuníquese con el representante del Centro de Mujeres Empresarias en la oficina distrital local de SBA más cercana o comuníquese a:

La Oficina de Mujeres Empresarias
409 Third St., SW Washington, D.C. 20416
Fax: 202-205-7287

Asociación de Ejecutivos Jubilados

La Asociación de Ejecutivos Jubilados **(SCORE)** [SCORE, por las siglas en inglés de "Service Corps of Retired Executives"]

SCORE es una asociación con más de 10,500 miembros voluntarios patrocinada por la SBA y desde 1964 ha puesto es contacto a asesores de la Asociación con clientes que necesitan consejos de expertos. SCORE tiene expertos en casi todas las áreas de administración comercial y mantiene un registro para ayudar a identificar el mejor asesor para un cliente particular. Los asesores voluntarios comparten su experiencia gerencial y técnica con los dueños de negocios pequeños actuales como los posibles empresarios del futuro.

Los voluntarios de SCORE son miembros de 389 organizaciones locales que brindan ayuda en casi 800 sitios a través de los Estados Unidos, Puerto Rico, las Islas Vírgenes de los EE.UU. y Guam.

Se hace todo lo posible para hacer coincidir las necesidades del cliente con un asesor que tenga experiencia en una línea de negocios parecida. Todo el asesoramiento de SCORE, tanto individual como en equipo, es gratuito. Tal vez haya una cuota nominal por los talleres y los seminarios de capacitación.

Mediante la capacitación y el asesoramiento los voluntarios de SCORE ayudan a los gerentes y dueños, tanto de los negocios establecidos como a los que apenas comienzan a identificar problemas, determinar las causas y encontrar soluciones.

Las organizaciones de SCORE ofrecen talleres de capacitación en como establecer o hacer crecer un negocio, con tarifas económicas que cubren una gran variedad de temas, tales como evaluar el potencial empresarial, desarrollar una lista de verificación para el lanzamiento de un negocio, seleccionar una estructura legal, crear un plan de negocio, y conseguir financiamiento. Los asesores de SCORE también ayudan a las empresas exitosas a examinar sus canales de distribución, investigar posibilidades de expansión, modificar productos y a enfrentarse a otros desafíos comerciales. Otros talleres le brindan a los dueños de negocios, información sobre una gran variedad de temas incluyendo, cómo establecer un negocio en su casa, cómo comprar una franquicia, definir una estrategia de mercadotécnia y de publicidad, implementar un plan para reducir los desperdicios, cómo fijar los precios de las mercancías y cómo comenzar una empresa exportadora.

Cualquier negocio pequeño puede obtener ayuda de SCORE. La forma de trabajo es confidencial y personal. No necesita solicitar o tener un préstamo de la SBA para participar en el programa. De hecho, la idea es lo único que se necesita para una consulta y para recibir asesoramiento.

Comuníquese con su oficina local de la SBA para información sobre la organización local de SCORE.

http://www.score.org (solo inglés) Empresarios de las minorías

Puntos A Tomar En Cuenta
Para Comenzar Tu Negocio En Rhode Island

Para poder comenzar un negocio en el Estado de Rhode Island, usted debe determinar que licencias necesita para poder comenzar su negocio.

Algunos negocios son requeridos obtener una licencia en el Estado de Rhode Island antes de abrir el negocio. Las Ocupaciones licenciadas en Rhode Island le requieren a esas profesiones que necesitan obtener una licencia de estado para varias agencias estatales. Luego de haber determinado las licencias necesarias, usted debe seguir los siguientes pasos:

Inscriba el Nombre de su Negocio

Comuníquese con la oficina del Secretario del Estado, Corporate División, así como con la oficina municipal de la ciudad o pueblo de todos los lugares en los que piensa instalar el negocio, para verificar si el nombre que usted desea esta disponible. 148 West River Street, Providence, RI 02904, teléfono (401) 222-3040 o http://www.sec.state.ri.us/corps

Tambien, para obtener información adíciónal puede comunicarse con la oficina del Secretario del Estado First Stop Business Center al 148 West River Street Providence, RI 02904 Tel: 401-222-2185 Fax: 401-222-3890 E-mail: businessinfo@sec.state.ri.us
http://www.sec.state.ri.us/corps/businessinfo/bic.htm

Inscriba El Nombre Con Derechos De En La Oficina Municipal De La Ciudad O Pueblo

Inscriba en la Oficina de la Secretaria de Estado el nombre de las corporaciónes, sociedades limitadas y compañias de responsabilidad limitadas, llame al (401) 222-3040 para obtener los formularios http://www.sec.state.ri.us/corps. Para obtener información sobre el Subcapitulo S de Corporaciónes [Subchapter S Corporation], Comuníquese con la División de Impuestos (División of Taxation) al 401-574-8TAX. http://www.tax.ri.gov/

Obtenga Cualquier Licencia Especial
Que Se Requiera

Algunas ocupaciónes, profesiónes, y actividades de negocios requieren certificaciónes o licencias. Comuníquese con la Cámara de Comercio o indague en la oficina municipal de su ciudad o pueblo para determinar si se requieren licencias o registros locales y visitelas para obtener los formularios necesarios. Comuníquese con el Departamento de Regulaciónes de Negocios (Department Of Business Regulation), para adquirir información referente a los requisitos para obtener una licencia estatal. 233 Richmond Street Providence, RI 02903 Tel. (401) 222-2246, Fax (401) 222-6098 DirectorInquiry@dbr.state.ri.us

http://www.dbr.ri.gov/

Obtenga Número Federal De Identificación Para Empleados
(EIN)

Solicite un formulario para obtener un Número federal de Identificación para Empleados (EIN) e información referente a los pagos de impuestos federales. Comuníquese con el Internal Revenue Service (IRS)[Servicio de Rentas Internas] para que le proporciónen los formularios de inscripción. 380 Westminster Streeet, Providence, RI; teléfono 1-800-829-3676

Además, se requieren pagos estimados de impuestos cada tres meses de todos los individuos que trabajan por su cuenta, estos pagos cubren tanto los impuestos por ingresos como los impuestos para personas que trabajan por su cuenta. Solicitele al IRS que le envie la información y los formularios.

Obtenga Una Permiso Estatal De
Impuestos Sobre Ventas

Si se requiere, obtenga un permiso estatal de impuestos sobre ventas. Comuníquese con la RI División de Impuestos (División of Taxation), One Capitol Hill, Providence, RI 02908 teléfono 401-574-8TAX para obtener formularios para obtener información. http://www.tax.ri.gov/

Inscribase con el Rhode Island División of Taxation

Comuníquese con el RI División of Taxation, Permits/Registration Department, para obtener información sobre cómo inscribirse. One Capitol Hill, Providence, RI 02908; teléfono 401-574-8TAX
http://www.tax.ri.gov/

Obtenga Los Requisitos Para
El Calculo De Impuestos Federales

Se requiere que toda persona que obtiene ingresos de una fuente que no es un sueldo, haga un calculo para determinar el pago de impuestos que debera hacer cada tres meses. Comuníquese con la División of Taxation, One Capitol Hill, Providence, RI 02903; teléfono 401-222-2950

Decida Si Su Negocio Tendra Empleados

Si su negocio va a tener empleados usted debe estar conciente de algunos requisitos como patrono. Vea la sección 'Responsabilidades de los Patronos".

Comuníquese Con El Departamento De Administración del Medio Ambiente

Asegúrese de que su negocio cumplira con todos los estandares referentes a la descarga y eliminación de aire, agua y desperdicios solidos. Comuníquese con el Departamento de Administración Medio Ambiente (Department of Environmental Management), para determinar cuales regulaciónes ambientales conciernen a su negocio. 235 Promenade Street, Providence, RI 02908; teléfono 401-222-6800 http://www.dem.ri.gov/

Esté Pendiente De Responsabilidades
Que No Sean Aparentes

Siendo el comprador de aunque sea una parte de un negocio, se le podria considerar responsable de las responsabilidades del dueño anterior, sin importar lo que se haya dicho a este respecto en el contrato. Para obtener una carta de exoneración Comuníquese con el División de Impuestos de RI, Departamento de Impuestos Corporativos (RI División of Taxation,

Corporate Taxes Department), One Capitol Hill, Providence, RI 02908; teléfono 401-574-8TAX. http://www.tax.ri.gov

Asegúrese de: que el lugar que escogió está designado con la zona apropiada para ese tipo de negocio; que usted cumple con todos los códigos estatales y locales en lo referente al edificio y a las reglas de diseños libres de barreras, y de que usted abtuvo los certificados correspondientes que le autorizan a ocupar las instalaciónes. Cómuniquese con las autoridades del gobierno local que corresponden e incluya al departamento de instalaciónes para obtener la información correspondiente. Quizá sean necesarias hacer algunas inspecciónes y alteraciónes para que las instalaciónes cumplan con los códigos del estado/ciudad. Si usted llevará a cabo su negocio de su casa, usted debe comunicarse con la oficina municipal de su pueblo o ciudad para estudiar la posibilidad de obtener una variación en la zonificación.

Haga Arreglos Para Obtener Todos Los Servicios Publicos Necesarios

Consulte con las compañias de servicio público para asegurarse de que le proporciónen los servicios rápidamente y para obtener los costos de extensiónes de servicios, la cantidad de déposito necesaria, y un contrato de los precios y suministros acordados.

Asegúrese De Que Su Negocio Tiene Un Seguro Apropiado

Comuníquese con un agente de seguros para determinar el tipo de seguro que su negocio debera tener. Compare precios. Los precios, y lo que cubren los seguros, varia grandemente entre los vendedores de polizas. Phohe: 401-222-2223 Fax: 401-222-5475 InsuranceInquiry@dbr.state.ri.us

Responsablidad de Los Patronos

Si otras personas trabajan para usted, usted tiene la responsabilidad frente a los gobiernos local, estatal y federal. AVISO: Si el negocio es una corporación, cualquier persona que desempeñe labores para la corporación o reciba remuneración, (incluyendo cualquier "propietario") se le considerara un empleado. Vea en la tabla la lista de las responsabilidades del patrono.

Impuestos Federales

Los patronos deben inscribirse con el Internal Revenue Service (IRS) para que a sus empleados les deduzcan impuestos del seguro social e impuestos federales sobre sus ingresos. Estos impuestos se deben deducir del sueldo de cada empleado y pagarse a la oficina de impuestos apropiada. Los patronos también deben pagar una porción del impuesto del seguro social de sus empleados.

IRS
380 Westminster Street
Providence. RI 02903
(401) 525-4282
1-800-829-4933 (negocios)
http://www.irs.gov/espanol/index.html

Impuestos Estatales

Los patronos deben inscribirse con el RI División of Taxation para que a sus empleados les deduscan impuestos estatales sobre sus ingresos. Estos impuestos se deben deducir del sueldo decada empleado y pagarse a la oficina de impuestos apropiada. Algunas ciudades imponen un impuesto de la ciudad al impuesto de los ingresos. Para mayor información comuniquese con el Department of Taxation de la ciudad en cuestión.

División of Taxation
One Capitol Hill
Providence. RI 02908
(401) 574-8TAX
http://www.tax.ri.gov

Seguro Estatal de Desempleo Los patronos deben inscribirse en el RI Employment and Training Department para pagar impuestos por desempleo.

Los Impuestos Por Desempleo

Los impuestos por desempleo son pagados por el patrono y no se permite hacer ninguna deducción del sueldo del empleado

Department of Labor & Training
1511 Pontiac Avenue
P.O. Box 20190
Cranston, RI 02920-0942
Tel: 401-243-9100
Email: unemploymentinsurance@dlt.ri.gov
Web: http://www.dlt.ri.gov/ui

Seguro Federal de Desempleo

Los patronos también deben pagar impuestos federales de desempleo. Comuniquese con el Internal Revenue Service para obtener información. Los impuestos por desempleo son pagados por el patrono y no se permite hacer ninguna deducción del sueldo del empleado.

IRS

Ciudad	Direccion	Dias y Horas de Operacion	Telefono
Providence	380 Westminster St. Providence, RI 02903	Monday-Friday - 8:30 a.m.-4:30 p.m.	(401) 525-4282
Warwick	60 Quaker Ln. Warwick, RI 02886	Monday-Friday - 8:30 a.m.-4:30 p.m. (Closed for Lunch 1:00 p.m. - 2:00 p.m.)	(401) 826-4797

http://www.irs.gov/espanol/index.html

Compensación Laboral

Se requiere que la mayoria de patronos proporciónen seguro de compensación laboral para sus empleados. Los patronos pueden comprar una pbliza de compensación laboral de una comparlia de seguros privada.

RI Department of Labor

Unidad de Compensación Laboral
1511 Pontiac Avenue
P.O. Box 20190
Cranston, RI 02920-0942
(401) 462-8500
http://www.dlt.ri.gov

Administración Profesiónal de la Segurida y la Salud (OSHA)

Los patronos deben cumplir con los estándares de salud y seguridad en acuerdo con las leyes federales y estatales del Occupational Safety and Health Acts (OSHA)
OSHA
Federal Office Building
380 Westminster Mall, Room 543

Providence, Rhode Island 02903
Tel: (401) 528-4669
Fax: (401) 528-4663

Americans with Disabilities Act [Ley de Incapacidad paraAmericanos]

Los patronos deben cumplir con las leyes del Americans with Disabilities Act. Para obtener publicaciónes informativas llame al 1-800-514-0301. Para obtener información adiciónal sobre la ley. llame al (202) 307-1198
http://www.ada.gov/faqada_spanish.htm

Employee Retirement Income Security Act (ERISA)

Los patronos deben cumplir con una serie de regulaciónes en lo referente a beneficios suplementarios, tales como planes de pensión. Regional Director Pensión, Welfare, and Benefits Administration.

RI Department of Labor

1511 Pontiac Avenue
P.O. Box 20190
Cranston, RI 02920-0942
Tel: (401) 462-8550
Fax: (401) 462-8530
http://www.dol.gov/dol/location.htm#RI
http://www.dlt.ri.gov/ui

Cumplimiento De La Ley De Inmigración

Todos los patronos deben verifícar la elegibilidad de trabajo de los empleados contratados después del 6 de noviembre de 1986. Esto se hace al revisar los documentos presentados por los empleados y documentando la información en un formulario de verifícación.

Department of Employment and Training Alien Labor Immigration Board

1511 Pontiac Avenue
P.O. Box 20190
Cranston, RI 02920-0942
(401) 462-8500
http://www.dlt.ri.gov

Salario Minimo Federal

Existen regulaciónes federales que determinan el salario minimo y los estándares de pago por horas extra de trabajo.

U.S. Department of Labor
Wage and Hour División
380 Westminster Street
Providence, RI 02903
(401) 528-4431
http://www.dol.gov/compliance/topics/wages-minimum-wage.htm

Salario Minimo Estatal

Existen regulaciónes estatales que determinan el salario mínimo estatal y los estándares de pago por horas extra de trabajo.

RI Department of Labor
1511 Pontiac Avenue
P.O. Box 20190
Cranston, RI 02920-0942
Tel: (401) 462-8550
Fax: (401) 462-8530
http://www.dlt.ri.gov/ls/minimumwage.htm

Restricciónes Debido A La Edad

Los patrones que proporciónan trabajo a menores de edad deben estar concientes de las restricciónes que existen en cuanto al tipo de labores que éstos pueden desempeñar, las horas que pueden trabajar y la necesidad de obtener un permiso de trabajo.

RI Department of Labor & Training
1511 Pontiac Avenue
P.O. Box 20190
Cranston, RI 02920-0942
Tel: (401) 462-8550
Fax: (401) 462-8530
http://www.dlt.ri.gov/ls/childlabor.htm

Igualdad De Oportunidades De Empleo

Todos los patronos deben cumplir con las leyes federales y estatales concernientes a la práctica de dar empleo y a la ejecución de las políticas. Para obtener formularios federales llame al U.S Equal Employment Opportunity Commissión (800) 669-4000 info@eeoc.gov

http://www.eeoc.gov/es/index.html

Equal Opportunity Office
John F. Kennedy Federal Building
475 Government Center
Boston, MA 02203
Teléfono: 1-800-669-4000
Fax: 617-565-3196
TTY: 1-800-669-6820

Ley de 1993 Ausencias por Razones

Familiares o Médicas Esta ley ordena que cualquier negocio con 50 empleados o más ofrezca doce (12) semanas de ausencia sin derecho a pago, debido a parto, enfermedad grave, o para cuidar por razones de salud a un miembro de la familia inmediata. Además, los patronos no pueden reducir el plan de salud durante ese periodo ni tampoco podrán negar al empleado la misma posición o una posición parecida cuando éste regrese a trabajar.
U.S. Department of Labor
380 Westminster Mall
Providence, RI 02903
(401) 528-4431

Ley de Rhode Island sobre Ausencias Familiar, Maternal O Paternal similar a la Ley Federal

RI Department of Labor & Training
1511 Pontiac Avenue
P.O. Box 20190
Cranston, RI 02920-0942
(401) 462-8000

Impuesto por Incapacidad Temporal (TDI)

Los patronos deben deducir el 1.3% de los primeros $54, 400,000 del salario que se pague a un trabajador en RI. El TDI proporciona beneficios a los trabajadores durante periodos certificados por un médico por causa de enfermedad o lesiones que no estén relacionadas al trabajo.

RI Department of Labor & Training
Employer Status Unit
1511 Pontiac Avenue
P.O. Box 20190
Cranston, RI 02920-0942
(401) 462-842
E-mail: tdi@dlt.ri.gov
http://www.dlt.ri.gov/tdi

Preguntas y Repuestas Sobre Comenzar un Negocio en Rhode Island

¿Y los impuestos qué?

Si usted planea vender cualquier cosa como parte de su nuevo negocio, usted necesitará obtener un Permiso para Hacer Ventas para poder cobrar impuestos de venta. La tasa estatal de impuestos es una tasa de 7% para todo el estado, sin importar en que parte de Rhode Island se encuentre. Usted también necesitará obtener un Número de Identificación Federal del Servicio Interno de Rentas Públicas. De hecho, esta es una de las primeras cosas que usted deberá de obtener antes de abrir su negocio, por lo que todos los documentos que usted vaya a someter le irán a preguntar por este número. Usted también deberá de comunicarse con la División de Tasación de Rhode Island para impuestos adicionales.

¿Dónde puedo encontrar información sobre préstamos gubernamentales para pequeños negocios?

La Administración de Pequeños Negocios de US (sus siglas en inglés SBA) es una buena fuente para encontrar información sobre la cualificación de préstamos. El SBA puede ser contactado llamando al 1-

800-8-ASK-SBA. El SBA le puede proveer información sobre la asistencia financiera, asesoría de negocios, entrenamiento, desarrollo de empresas para minorías y contratos gubernamentales.

¿Quién me podrá contestar mis preguntas sobre las leyes laborales en Rhode Island?

Comuníquese con el Departamento de Labor y Entrenamiento de Rhode Island con preguntas sobre las leyes laborales de Rhode Island. El Departamento de Labor y Entrenamiento de Rhode Island puede proveerle con información importante que le será muy útil para la formación y operación de su negocio en Rhode Island.

¿Cómo me convierto en una organización sin fines de lucro?

Las organizaciones sin fines de lucro tienen muchas preocupaciones legales y de impuestos. Usted necesitará comunicarse con un abogado y/o un contador público certificado, para poder hablar sobre las ventajas y desventajas de ser una organización sin fines de lucro. Si usted escoge formar una corporación sin fines de lucro, usted se deberá contactar con la Sección de Negocios para poder obtener los formularios correctos. También, si usted planea solicitar fondos como una corporación sin fines de lucro, usted deberá contactar el Departamento de Regulación de Negocio-División de Seguridad de Rhode Island. Usted deberá someter documentos con ambas divisiones para poder estar registrado en este estado. Si usted está buscando un estado federal para estar libre de impuestos, usted debe de aplicar a través del Servicio Interno de Rentas Públicas.

¿Debo de reportar quien trabaja conmigo?

Empleadores u organizaciones laborales haciendo negocio en Rhode Island deben de reportar la contratación de cualquier persona que reside o trabaja en Rhode Island, el cual el empleador le pagará ganancias. El empleador también deberá de reportar la re-contratación de empleados que han sido dados de alta, licencia, separados, dados de alta sin pago o un empleo terminado. El Directorio de Contrataciones Nuevas en Rhode Island debe de ser completado y enviado a:

The Rhode Island Directory of New Hires
PO Box 540220
Omaha, NE 68154-0220

¿Yo necesito obtener una Póliza de Compensación para Trabajadores para mis empleados?

Desde, el 1 de enero de 1999, cada negocio, con algunas excepciones que tiene UNO o más empleados debe de tener un seguro de compensación para trabajadores. Dueños individuales y socios están exentos. Los empleadores deben de mostrar el cartel requerido por el Estado nombrando el seguro o la compañía ajustada. Por favor contacte el Departamento de Labor y Entrenamiento de Rhode Island para más información.

¿Qué carteles debo de mostrar en el lugar de mi negocio?

Para información sobre que clase de carteles debe de mostrar por favor visite el portal del Departamento de Labor y Entrenamiento.

¿Dónde puedo encontrar información sobre los negocios en mi área?

Su Chamber of Commerce local es una buena fuente de información para hacer averiguaciones sobre negocios que están operando en su área.

Para más información u otras preguntas por favor comuníquese con el Centro de Información Commercial o llame al 401-222-2185

Determine la Estructura Legal de su Negocio. Comuníquese con un abogado, un contador o la oficina del Centro de Desarrollo de Pequeños Negocios de Rhode Island para determinar la estructura apropiada del negocio.

Glosario De Términos Básicos
Para Iniciar Un Negocio

ACUERDO [Compromise]

El acuerdo de pago como resultado de la falta de pago del préstamo por menos del total. El acuerdo de liquidación es un procedimiento para usar solamente en los casos en que el gobierno no puede recaudar la cantidad total, dentro de un tiempo razonable, con procedimientos legales para el cobro del préstamo, o en donde los costos de los procedimientos legales no justificarían tal esfuerzo.

ARRENDAMIENTO [Lease]

Un contrato entre el dueño (arrendador) y el ocupante (arrendatario), en el que se establecen las condiciones bajo las cuales el arrendatario puede ocupar o usar la propiedad.

ASOCIACION DE EJECUTIVOS JUBILADOS [Service Corps of Retired Executives SCORE]

Son ejecutivos exitosos jubilados, y en funciones, que se ofrecen como voluntarios para dar asesoría, capacitación y guía a pequeños empresarios.

ASOCIACIONES PROFESIONALES Y COMERCIALES [Professional and Trade Associations]

Organizaciones no lucrativas, cooperativas y voluntarias diseñadas para ayudar a sus miembros a tratar problemas de interés mutuo. En muchos casos los profesionales y las asociaciones establecen acuerdos con la SBA para proporcionar asesoría voluntaria a la comunidad de pequeños empresarios.

ASUNCIÓN [Assumptions]

Es el acto de asumir o tomar las obligaciones o deudas de otro.

BANCA DE INVERSIÓN [Investment Banking]

Negocios especialistas en la formación de capitales. Se realiza por medio de la compra y venta de valores ofrecidos por el emisor, respaldando su colocación o realizando los mejores esfuerzos de venta.

BIENES DE CAPITAL [Capitalized Property]

Aquellos que no se destinan al consumo, sino a seguir el proceso productivo, los cuales tienen un valor promedio de $300.00 o más y vida útil de un año o más. Los bienes de capital se pueden depreciar anualmente de acuerdo a la vida útil que le de la empresa.

BONO DE INGRESOS INDUSTRIALES [Industrial Revenue Bond IRB]

Son los bonos exentos de impuestos emitidos por un organismo gubernamental estatal o local para financiar proyectos industriales o comerciales que sirven para el bienestar público .El bono generalmente no es respaldado completamente por el compromiso y crédito del gobierno que lo emite, sino que se paga únicamente de las ganancias del proyecto y requiere de un compromiso del sector privado para el pago.

BONO ESPECULATIVO O SIN GARANTÍA [Junk Bond]

Expedición de un bono corporativo de alto rendimiento con un bajo índice de inversión que se convirtió en una fuente creciente de financiamiento corporativo en los años 80's.

CALIFICACIÓN DE CRÉDITO [Credit Rating]

Es la calificación que se le asigna una agencia de crédito a un negocio para indicar el valor neto del capital y el crédito que se le otorga a la empresa como resultado de su investigación.

CANTIDAD PARA LIQUIDAR UN PRÉSTAMO [Loan Payoff Amount]

Es la cantidad total de dinero que se necesita para pagar la obligación de un prestatario en un préstamo. La cantidad se obtiene acumulando el interés bruto por día y multiplicando esta cifra por el número de días que existen entre la fecha del último pago y la del vencimiento. Esa cantidad, conocida como interés acumulado, se combina con el capital principal y los saldos en los depósitos que son aplicables a lo que aparece como la cantidad a liquidar del préstamo. En el caso de que el interés pagado exceda los intereses acumulados, el remanente es restado del anterior y la diferencia se usa para reducir la cantidad que se debe.

CAPITAL DE RIESGO [Venture Capital]

Dinero utilizado para respaldar un negocio nuevo o un negocio comercial poco común: el patrimonio propio, riesgo o capital especulativo. Este financiamientos es otorgado a empresas nuevas o ya existentes que exhiben la tasa de utilidad superior a las tasas medianas del mercado, lo cual significa un potencial para la expansión del mercado y la necesidad de un financiamiento adicional para el mantenimiento del negocio o la expansión del mismo.

CARÁCTER [Character]

Es una letra, dígito u otro símbolo, que es parte de la organización, control o representación de información utilizados en los sistemas de cómputo.

CENTRO DE INFORMACIÓN EMPRESARIAL [Business Information Center BIC]

Uno de los más de 50 centros de la Agencia Federal para el Desarrollo de la Pequeña Empresa el cual ofrece lo último en equipo de cómputo, programas y telecomunicaciones para ayudar a los pequeños negocios por medio de asesoría individual de exitosos hombres de negocios por medio de la Asociación de Ejecutivos Jubilados (SCORE). Cada centro de información empresarial (BIC) ofrece folletos electrónicos, base de datos computarizados, intercambio de información en línea, publicaciones periódicas, cintas de video, material de referencias, textos, guías para comenzar un negocio, programas de aplicación, asesoría para el uso de la computadora y medios interactivos.

CENTROS DE DESARROLLO EMPRESARIAL [Small Business Development Centers SBDC]

Los SBDC son centros que tienen sus bases en universidades para dar servicios conjuntos del gobierno, académicos y del sector privado para el beneficio de los pequeños negocios y el bienestar de toda la nación. Estos centros están comprometidos con el desarrollo, la productividad y la economía en regiones específicas.

CIERRE [Business Death]

Cierre voluntario o involuntario de una firma o establecimiento.

CIERRE [Closing]

Acciones y procedimientos requeridos para llevar a cabo la documentación y el desembolso de los fondos del préstamo después de que la solicitud ha sido aprobada, ejecutando, archivando y registrando toda la información requerida.

CODIGO DE COMERCIO UNIFORME [Uniform Comercial Code]

Codificación de leyes uniformes con respecto a transacciones comerciales. En el lenguaje de la SBA se refiere generalmente a un método uniforme de registrar e implementar un interés prendario o una tarifa sobre la propiedad existente o que se va a adquirir.

COEFICIENTE O PROPORCIÓN [Ratio]

Denota las relaciones de los rubros dentro y en medio de los estados financieros. Por ejemplo, la proporción coeficiente de liquidez , de relación entre activo disponible/pasivo corriente, de rotación de inventarios y la proporción del valor en relación a la deuda.

COLATERAL O AVAL [Collateral]

Es algo de valor-valores, evidencia de un depósito o de alguna propiedad- que asegure el pago de una obligación.

COMPONENTES DE UNA BASE DE DATOS [Data Elements]

Es la unidad básica de información identificable y concreta. El componente de una base de datos ocupa el espacio provisto para un archivo en una relación o columnas dentro de una forma. Tiene un nombre que le identifica y un valor o valores para expresar un hecho en específico. Por ejemplo, un componente de una base de datos llamada "Color de ojos", tendría archivo con valores de "Azul (un nombre)", "BI (una abreviatura)", "06 (un código)". Del mismo modo un componente de la base de datos llamada "Edad del empleado" tendría un archivo con valor de "28" (valor numérico).

COMPRA POR APALANCAMIENTO [Leveraged Byout]

Es la compra de un negocio, financiado en su mayor parte por dinero prestado, frecuentemente bajo la forma de bonos especulativos o sin garantía.

CONCESIÓN DE FRANQUICIAS [Franchising]

Es una relación continua en la cual el otorgante de la franquicia proporciona una licencia al concesionario para hacer el negocio, y ofrece apoyo a la organización, capacitación, comercialización, ventas y manejo del negocio a cambio de una compensación. El otorgamiento de franquicias es una forma del negocio en la cual el dueño (el que otorga la franquicia) de un producto, servicio o método, obtiene la distribución por medio de los negociantes afiliados (concesionarios). El producto, el método o el servicio que se vende en el mercado, es identificado generalmente por el nombre de la marca del que otorga la franquicia y el poseedor del privilegio (concesionario) a menudo recibe acceso exclusivo a un área geográfica definida

CONSEJERO DEL EAP [EAP Counselor]

Realiza consultas confidenciales a los empleados con algún problema a petición de los mismos empleados o son referidos para el análisis objetivo de un problema personal y, para la identificación de la mejor ayuda disponible y/o servicios profesionales que necesite para resolver el problema del empleado.

CONSORCIO [Cosortium]

Grupo de organizaciones, tales como bancos y corporaciones, con el fin de establecer fondos para las empresas que requieren grandes fuentes de capital.

CONTABILIDAD [Accounting]

El registro, clasificación, cuantificación e interpretación de manera significativa y en términos de dinero, de transacciones y eventos de carácter financiero.

CONTADORES PÚBLICOS INDEPENDIENTES Y CALIFICADOS [Independent and Qualified Public Accountants]

Los Contadores Públicos son independientes cuando ni ellos ni sus familiares tienen un interés económico directo o indirecto en el negocio del prestatario más allá de su trabajo como contador. Se consideran calificados a menos que haya evidencia de lo contrario, ellos son certificados, autorizados con licencias u otros registros requeridos por el estado donde trabajan o han sido contadores públicos al menos por cinco años y son aceptados por la SBA.

CONTRATO DE PRÉSTAMO (PAGARÉ) [Loan Agreement]

Es el acuerdo que debe cumplir el prestatario, en el cual se estipulan los términos, las condiciones, convenios y restricciones pertinentes.

COORDINADOR DEL PROGRAMA DE AYUDA A EMPLEADOS[Employee Asistance Program Coordinator EAP]

Coordina las actividades de la Oficina Central o de los consejeros regionales, mantiene una lista de recursos comunitarios de ayuda profesional disponible a empleados con problemas y la lista actualizada de asesores del EAP para el área de su jurisdicción.

COSTOS [Costs]

Dinero comprometido para pagar los bienes y servicios recibidos durante un período de tiempo, sin considerar cuando fueron ordenados o pagados.

CREACION DEL NEGOCIO [Business Start]

Por diferentes propósitos, un negocio con un nombre o con una designación similar que no existía anteriormente.

CUENTA DE GARANTIA [Escrow Accounts]

Son los fondos colocados en fideicomiso por un prestatario, con un tercero para un objetivo específico y que serán entregados al solicitante del préstamo, sólo bajo el cumplimiento de ciertas condiciones.

CUENTAS POR COBRAR [Accounts Receivable]

Relación de cuentas de la empresa que representan dinero, resultado de mercancías vendidas o servicios otorgados, comprobados por notas, informes, facturas u otra evidencia escrita.

CUENTAS POR PAGAR [Accounts Payable]

Relación de cuentas de la empresa que representan la obligación de pagar por mercancías y servicios adquiridos.

DESCUENTO POR PAGO EN EFECTIVO O POR PRONTO PAGO [Cash Discount]

Es un incentivo que ofrece el vendedor para estimular al comprador a pagar dentro del tiempo estipulado. Por ejemplo, si el vencimiento es 2/10/N 30, el comprador podrá deducir 2 % de la cantidad de la factura (si paga dentro de 10 días) de otra manera, la cantidad total se pagará en 30 días.

DESEMBOLSO [Disbursement]

Es el pago al prestatario, de todo o parte de los fondos del préstamo. Esto puede ser al cierre o después.

DESEMBOLSOS [Outlays]

Desembolsos netos (pagos en efectivo en exceso de entradas de efectivo en caja) para gastos administrativos, préstamos, costos y gastos (ej., los desembolsos brutos para los préstamos y los gastos menos los pagos de préstamo, el interés y el ingreso de retribución acumulado, y los reembolsos recibidos por los servicios realizados para otras agencias).

DESPOSEIMIENTO [Divestiture]

Cambio de propiedad y/o de control de un negocio de una mayoría (no en desventaja) a personas en desventaja.

DEUDA DE CAPITAL [Debt capital]

Financiamiento del negocio que normalmente requiere pagos de intereses periódicamente y reembolsos al capital dentro de un tiempo determinado.

DIAGRAMA DE FLUJO [Flow Chart]

Una representación gráfica para la definición, el análisis, o la solución de un problema, en el que los símbolos son usados para representar operaciones, datos, el flujo, el equipo, etc.

DISOLUCIÓN DEL NEGOCIO [Business Dissolution]

Por razones diferentes, la ausencia de los archivos actualizados de un negocio, que existían anteriormente.

DISPUTA EN LA NEGOCIACIÓN [Negotiation Dispute]

Es el momento en que los trabajadores y la administración no llegan a un acuerdo en algunos o en todos los asuntos tratados en la mesa de negociación y los servicios de FMC's no han sido utilizados.

DOCUMENTO DEL COLATERAL O AVAL [Collateral document]

Es el documento legal que garantiza los bienes que cubren el préstamo, como títulos de crédito, hipotecas, cesiones, etc.

ELIMINACIÓN DE CUENTAS INCOBRABLES [Charge-off]

Una transacción contable en que se eliminan los saldos incobrables, de las cuentas por cobrar activas.

EMPRESA [Enterprise]

Agrupación de todos los establecimientos propiedad de una compañía matriz. Una empresa puede consistir en un único establecimiento independiente o puede incluir sucursales u otros establecimientos bajo el mismo propietario y el mismo control.

EMPRESARIO [Entrepeneur]

Es quien asume el riesgo financiero del inicio o apertura, la operación, gerencia de un negocio y el control del mismo.

EQUIPO FÍSICO DE LA COMPUTADORA [Hardware]

Es un término usado para describir los elementos mecánicos, y electrónicos del sistema de procesamiento de información.

ESCRITURA FIDUCIARIA (CONTRATO DE FIDEICOMISO) [Deed or Trust]

Un documento sellado que, cuando es entregado, transfiere un interés actual a la propiedad. Puede ser válido como garantía.

ESTABLECIMIENTO [Establishment]

Un negocio localizado en un solo lugar que puede ser independiente -nombrado empresa independiente- o pertenecer a una matriz.

ESTADOS FINANCIEROS [Financial Reports]

Reportes comúnmente requeridos de las personas que solicitan ayuda financiera:

1.-Estado de Cuenta: Es un informe que muestra la posición que tiene la empresa en cuanto a sus activos, pasivos y capital, en determinado momento.

2.-Estado de resultados: Es el informe que muestra las ganancias y las pérdidas del negocio, es decir los ingresos netos a un tiempo específico.

3.- Flujo de efectivo: Es el informe en el cual se analiza la fuente actual y proyectada de la disposición de efectivo durante un periodo contable, ya sea pasado o futuro.

FALTA DE PAGO O INCUMPLIMIENTO [Defaults]

Es la falta de pago al capital y/o interés sobre la deuda dentro de los términos y las condiciones acordadas.

FINANCIAMIENTO [Financing]

Fondos nuevos proporcionados a un negocio, ya sea por otorgamiento de préstamos o por la compra de instrumentos de deuda o de acciones de capital.

FINANCIAMIENTO DE LA DEUDA [Debt financing]

La disposición de préstamos a largo plazo para pequeñas empresas a cambio de obligaciones de deuda o un pagaré.

FINANCIAMIENTO DEL PATRIMONIO (CAPITAL) [Equity Financing]

Es la provisión de fondos para el capital o gastos de operación a cambio de capital en acciones, certificado de compra de acciones y opciones en el negocio que se financia, sin ninguna garantía de ganancia, pero con la oportunidad de participar en las utilidades de la compañía. El financiamiento del patrimonio incluye títulos subordinados a largo plazo que contienen opciones para compra de acciones y/o certificados. Utilizado en las actividades de financiamiento de SBIC.

FLUJO DE EFECTIVO [Cash Flow]

Estado de cuenta que muestra cuanto del efectivo generado queda después de los gastos (incluidos los intereses) y pago al capital. Un estado de flujo de efectivo proyectado indica si la empresa va a contar con efectivo para cubrir sus gastos, préstamos y lograr utilidades, el flujo de efectivo puede ser calculado en cualquier periodo de tiempo, normalmente se hace cada mes.

FRACASO DEL NEGOCIO [Business Failure]

Es el cierre de una empresa causando pérdidas de cuando menos un acreedor.

FUSIÓN [Merger]

Una combinación de dos o más corporaciones donde la unidad dominante absorbe a las pasivas, usualmente continúan con su operación bajo el mismo nombre. En una consolidación dos unidades se combinan y son sucedidas por una corporación nueva, generalmente con un título nuevo.

GRAVAMEN [Lien]

Es la tarifa o el interés de la garantía en propiedad personal o inmobiliaria mantenida para asegurar la satisfacción de la deuda o de una obligación, que ordinariamente surge por procedimiento legal.

HIPOTECA [Mortage]

Un instrumento que da un título legal para asegurar el pago de un préstamo hecho por el acreedor hipotecario (prestamista). Legalmente se contemplan dos tipos: (1) la teoría del título opera como un transferencia del título legal de la propiedad al acreedor hipotecario, y (2) la teoría de gravamen, crea un gravamen sobre la propiedad a favor del acreedor hipotecario.

INAUGURACIÓN O APERTURA [Business Birth]

Creación de una nueva empresa o establecimiento.

INCUBADORA [Incubator]

Una instalación diseñada para fomentar el espíritu empresarial y minimizar obstáculos en la creación y desarrollo de negocios nuevos, particularmente para compañías de alta tecnología, albergando varias empresas que comparten varios servicios. Estos servicios compartidos pueden incluir áreas de reunión, servicios secretariales, servicios de contabilidad, bibliotecas para investigación, asesoría financiera y administrativa en el procesamiento de textos.

INDEMNIZACION LABORAL [Worker's Compesation]

Una forma de declaración del seguro de los trabajadores que cubren accidentes relacionados con el trabajo. En algunos estados estos deben adquirirse a través de aseguradoras comerciales. El costo del seguro se basa en varios elementos desde el salario base, el historial de la compañía y el riesgo de ocupación.

INDICE DE PÉRDIDA [Loss Rate]

Índice que se desarrolla por la comparación en la rotación total de los préstamos incobrables al total de los préstamos otorgados desde el inicio del programa hasta la fecha actual.

INNOVACIÓN O INTRODUCCIÓN [Innovation]

Es la presentación de una nueva idea dentro del mercado en forma de un nuevo producto o servicio o la mejora de la organización o de un proceso.

INSOLVENCIA [Insolvency]

Es la inhabilidad de un prestatario de pagar sus obligaciones económicas al vencerse, o sus activos son insuficientes para cubrir el pago de las deudas.

INSTITUCIÓN DE CRÉDITO [Lending Institution]

Cualquier institución, inclusive un banco comercial, una asociación de ahorros y préstamos, compañía de financiamiento comercial, u otro prestamista calificado para participar con la SBA en el otorgamiento de préstamos.

INTERÉS [Interest]

La cantidad pagada al prestamista por haber utilizado su dinero o fondos.

INTERÉS ORDINARIO [Ordinary Interest]

Es el interés simple que tiene como base el año comercial que es de 360 días, que contrasta con el mismo interés en un año de 365 días.

INVERSIÓN DE CAPITAL [Capital Expenditures]

Son los gastos del negocio destinados a la adquisición de equipo o inventario.

JUICIO [Judgment]

La determinación judicial de la existencia de la deuda u otra responsabilidad legal.

JUICIO POR CONFESION [Judgment by confesión]

Son los actos de los deudores que permiten que se haga un juicio en contra de ellos por una cierta cantidad mediante una declaración, sin haber realizado procedimientos legales.

JUICIO HIPOTECARIO [Foreclosure]

El acto por el cual el acreedor hipotecario o fiduciario, en el incumplimiento del pago de interés o del capital principal de una hipoteca, obligan al pago de la deuda por medio de la venta de la garantía.

LICITACIÓN PÚBLICA [Invitations for Bids]/

Solicitudes formales de propuestas, para realizar adquisiciones mediante ofertas, cuando las especificaciones describen los requisitos del gobierno de manera clara, exacta y completa, pero evitando innecesarias especificaciones restrictivas o requisitos que excesivamente podrían limitar el número de licitantes.

LIQUIDACIÓN [Liquidation]

La colocación, a precios máximos, del colateral o el aval que garantiza un préstamo y el cobro voluntario y forzoso del saldo de la deuda por las personas obligadas o garantes (fiadores).

LITIGACIÓN [Litigation]

Se refiere a un préstamo, en "estado de liquidación" el cual ha sido referido a abogados para la acción legal. También se refiere a la toma de acciones legales a través de un proceso judicial.

MARGEN DE GANANCIA [Markup]

Es la diferencia entre el costo y el precio de venta. También se puede explicar como un porcentaje del precio de venta o los costos de hacer negocios más una ganancia. Ya sea que el margen de ganancia se base en el precio de venta o el costo, la base es siempre igual a 100%.

MERCADO SECUNDARIO [Secondary Market]

Son los que adquieren un interés en un préstamo de un prestamista original, como los bancos, inversionistas institucionales, compañías de seguros, uniones de crédito y los fondos de pensión.

NEGOCIACIÓN [Negotiation]

Es el proceso "cara a cara" usado por los sindicatos locales y los empleadores para intercambiar sus puntos de vista en asuntos como políticas y prácticas del personal, u otras cuestiones que afectan las condiciones laborales de los empleados en la empresa y se reducen a un acuerdo obligatorio escrito. Usado también por oficiales para lograr grandes contratos.

NOTAS Y CUENTAS POR COBRAR [Notes and Accounts Receivable]

Una cuenta por cobrar asegurada o no, evidenciada por una nota o una cuenta abierta proveniente de las actividades financieras que produce la liquidación o la disposición del colateral o aval del un préstamo.

OBLIGACIÓN HIPOTECARIA [Debenture]

Es un instrumento de deuda que muestra que el titular del mismo recibe intereses en pagos al capital por la parte obligada. Aplica a todas las formas sin garantía, instrumentos de deuda a largo plazo probados por certificado de deuda.

OBLIGACIONES [Obligations]

Técnicamente definidas como la cantidad de pedidos hechos, contratos otorgados, servicios recibidos y transacciones similares durante un período en el cual los pagos son requerido por ese periodo u otro período futuro.

OFICIAL DE PAGO [Disbursing Officer]

Es el empleado autorizado a efectuar pagos en efectivo o hacer cheques para saldar facturas aprobadas por un oficial certificado.

ORDEN INVERSA DE VENCIMIENTO [Inverse Order of Maturity]

Es cuando se reciben pagos del prestatario por una cantidad mayor a la autorizada de acuerdo al calendario de pagos. El pago excesivo se acredita al capital lo cual reduce el vencimiento del préstamo y no afecta el calendario original de pagos.

PASIVOS CONTINGENTES [Contingent liability]

Obligaciones potenciales relacionadas con transacciones que involucran un cierto grado de incertidumbre y que pueden presentarse como consecuencia de un suceso futuro. Dos ejemplos son (1) La responsabilidad de un endosante o fiador de un crédito si el primer prestatario no puede pagar conforme lo acordado, y (2) la responsabilidad que puede crear un pleito que es resuelto a favor de la otra parte.

PATENTE [Patent]

Una patente asegura a un inventor el derecho exclusivo de hacer, usar, y vender el invento por 17 años. Los inventores tienen que ponerse en contacto con la Oficina de Patentes del Departamento de Comercio de los Estados Unidos.

PATRIMONIO (CAPITAL PROPIO) [Equity]

Es la propiedad que se tiene sobre algún activo o sobre un negocio.

PEDIDOS NO ENTREGADOS [Undelivered Orders]

Es la cantidad de órdenes o pedidos de bienes o servicios pendientes de entregar para los cuales las obligaciones de adeudo aún no se han acumulado. Para propósitos prácticos representa las obligaciones contraídas en la cual los bienes no han sido entregados ni los servicios realizados.

PERFIL DEL PUESTO [Job Description]

Es la declaración escrita que enumera los elementos de cierto trabajo u ocupación, por ejemplo, el propósito, las obligaciones, los equipos que se utilizan, las aptitudes, la capacitación, las exigencias físicas y mentales, las condiciones de trabajo, etc.

PLAN DE NEGOCIOS [Business Plan]

Es un documento que describe en una forma clara y explícita, el objetivo del desarrollo comercial de un negocio o una propuesta de un negocio nuevo que está solicitando asistencia en el programa 8 (a) o en los programas de préstamos de la SBA. Este plan define el que, el como y de donde se obtendrán los recursos que se necesitan para alcanzar los objetivos.

PRÁCTICA LABORAL DESLEAL O INJUSTA [Unfair labor practice]

Es la acción en la cual el empleado o el sindicato viola las disposiciones de la versión enmendada de EO 11491.

PRÉSTAMO APLAZADO (DIFERIDO) [Deferred loan]

Préstamo cuyo capital e intereses son aplazados por un período de tiempo específico.

PRÉSTAMO CANCELADO [Canceled loan]

Es la anulación o rescisión de la aprobación de un préstamo previo al desembolso.

1.- Activos menos pasivos representan la propiedad real de la empresa;

2.- Un inventario de mercancías acumuladas por un periodo de tiempo específico y en contraste al ingreso recibido durante un periodo de tiempo específico.

3.- Mercancías acumuladas destinadas a la producción de bienes; posesiones acumuladas que se calcula producirán ingresos.

PRÉSTAMO GARANTIZADO [Guaranteed loan]

Un préstamo hecho y atendido por una institución de préstamos bajo el acuerdo que una agencia gubernamental comprará la porción garantizada si el prestatario deja de pagar.

PRÉSTAMO PAGADO [Closed Loan]

Cualquier préstamo para el cual los fondos han sido desembolsados y toda la información requerida ha sido ejecutada, recibida y revisada. Para propósitos estadísticos el primer desembolso o el total del desembolso se toma en cuenta como un préstamo pagado.

PROCEDIMIENTO DE NEGOCIACIÓN DE QUEJAS [Negotiated Grievance Procedure]

Es el procedimiento único y exclusivo disponible para todos los empleados de la empresa y el empleador para exponer cualquier queja y/o disputa acerca del trabajo.

PROCESAMIENTO DE PALABRAS [Word Processing] Es la producción eficiente y efectiva de comunicaciones escritas al costo más bajo posible mediante el uso combinado de procedimientos en la administración de sistemas, de tecnología automatizada, y del personal competente. El equipo usado en aplicaciones de procesamiento de palabras incluye, pero no está limitado a lo siguiente: computadoras y programas de cómputo.

PROCESO AUTOMÁTICO DE DATOS [Automatic Data Processing]

1.- El procesamiento de datos masivos que se lleva a cabo por medios automáticos

2.- La disciplina que se relaciona con métodos y técnicas de procesamiento electrónico de datos.

3.- Equipo de procesamiento, como programas de contabilidad electrónicos y equipos de procesamiento electrónico de datos.

PRODUCTO INTERNO BRUTO [Gross Domestic Product GDP]

Es la expresión más clara y completa de todo el rendimiento económico. Representa el valor total de mercado de los bienes y servicios producidos por la economía de la nación.

PRODUCTO NACIONAL BRUTO [Gross Nacional Product GNP]

Es una medida del rendimiento económico de una nación. Desde 1991 el PIB, que se calcula de manera diferente, ha reemplazado al PNB como medida del rendimiento económico en los E.E.UU.

PRO-NET

Una base de datos en Internet con información sobre pequeños negocios en desventaja económica y de mujeres propietarias de empresas 8(a) en busca contratos.

PROPIEDAD INDIVIDUAL [Propiertorship]

Es la forma legal más común de la propiedad de un negocio: cerca del 85% de todos los pequeños negocios se poseen por derecho de propiedad individual. La responsabilidad del dueño es ilimitada en ésta forma de propiedad.

PRÓRROGA DE VENCIMIENTO [Maturity Extensions]

Es el tiempo que se otorga más allá del plazo original de vencimiento establecido para liquidar un préstamo.

PROTESTA [Protest]

Declaración escrita en la cual el licitador en un contrato de adquisición alega en contra de otro licitador porque dicha adquisición no tiene que ver con un pequeño negocio.

PUNTO DE EQUILIBRIO [Break-Even Point]

El punto de equilibrio en cualquier negocio es el punto en el cual los ingresos son igual a los gastos -es el punto en el que no existe utilidad ni pérdida- dentro de varios niveles de actividad. El punto de equilibrio le dice al administrador que nivel de producción o de actividad es necesario para que la compañía alcance el nivel de utilidad deseada. Además refleja la relación entre los costos, volumen y utilidad.

QUIEBRA [Bankruptcy]

Es la situación en la cual la empresa no puede cumplir con sus obligaciones de deudas y depende de la decisión de la corte federal de su distrito correspondiente para la reorganización de sus deudas y la liquidación de activos. En la acción, los bienes del deudor son tomados por un administrador o depositario con el fin de que sean beneficiados los acreedores. La operación es regulada por la Ley Nacional de Quiebra y puede ser voluntaria o involuntaria.

RENTABILIDAD (RENDIMIENTO) [Earning Power]

La capacidad de un negocio para generar utilidades, mientras mantiene una buena contabilidad. Cuando un negocio muestra una utilidad razonable con respecto al capital invertido después de los gastos de mantener el negocio (propiedad), una apropiada compensación a sus dueños y empleados, cumplir con sus obligaciones, y reconocimiento total de sus costos, entonces se puede decir que el negocio es rentable. El demostrar la rentabilidad (rendimiento) sirve como principal prueba en la solicitud para obtener un préstamo.

RENTABILIDAD DE LA INVERSION [Return on investmen]

Es la ganancia (recuperada) basada en la cantidad de recursos (fondos) utilizados para generarla. Además, se entiende como la habilidad que tiene una inversión de generar utilidades y de reinvertirlas.

RESPONSABILIDAD O GARANTÍA DE UN PRODUCTO [Product Liability]

Es el tipo de responsabilidad civil que se aplica a los fabricantes o vendedores de un producto.

ROTACIÓN [Turnover]

La rotación es el número de veces en que un inventario mediano de mercancías se vende dentro de un año fiscal o un período designado. Se debe tener cuidado para asegurar el inventario promedio en el costo o dividirlo entre el precio de venta. No mezcle precio de costo con precio de venta. Cuando la rotación se calcula correctamente, sirve como una medida de la eficiencia de un negocio.

SEGURO DE RIESGOS [Hazard Insurance]

Es el seguro que requiere el prestamista para cubrir ciertos riesgos en bienes raíces y propiedad personales y son utilizados para asegurar préstamos.

SOCIEDAD [Partnership]

Es la relación legal entre dos o más personas asociadas por medio de un contrato como socios en un negocio.

SOCIEDAD DE CAPITAL (EQUIDAD) [Equity Partnership]

Arreglo de una Sociedad Limitada para proveer capital para el lanzamiento de un negocio.

SOLICITUD DE PROPUESTAS O COTIZACIONES [Request for Proposals]

Solicitación de ofertas para adquisiciones competitivas y negociadas cuando es imposible redactar una cotización que contenga una adecuada y detallada descripción de la propiedad y los servicios requeridos. Hay 15 circunstancias en las Regulaciones Federales de Adquisición ["Federal Acquisition Regulations" FAR, por sus siglas en inglés] que permiten las adquisiciones negociadas.

SUBASTA [Auction]

Venta pública de mercancía al mejor postor.

TASA DE AJUSTE DE RESERVA DE PÉRDIDAS [Loss Reserve Adjustment Rate]

Es la tasa de reserva basada sobre las cuentas incobrables netas (las incobrables menos las recuperaciones) en los cinco años más recientes del promedio total de los préstamos prominentes para el periodo comparable de 5 años.

TASA DE INTERÉS PREFERENCIAL [Prime Rate]

La tasa de interés que se cobra a los prestatarios comerciales que tienen la calificación de crédito más alta , para préstamos a corto plazo.

TASA LEGAL DE INTERÉS [Legal Rate of Interest]

Es la tasa máxima de intereses fijada por las leyes de varios estados, que usa el prestamista para cobrar al prestatario por utilizar su dinero.

USUFRUCTO [Easement]

Es el derecho o el privilegio que una persona puede tener sobre la propiedad de otros, como el derecho de paso, de entrada o salida.

VENCIMIENTO [Maturiyt]

Es aplicado a los certificados de garantía y al papel comercial; la fecha final en la que debe de ser pagado el capital principal.

USURA [Usury]

Es el interés que excede de la tasa legal cobrada a un prestatario por el uso del dinero.

VALOR DE LIQUIDACIÓN [Liquidation Value]

Es el valor neto que se puede obtener de la venta (comúnmente forzada) de un negocio o un determinado activo.

VALOR NETO (PATRIMONIO) [Net Worth]

Es lo que representa la propiedad de la empresa, es decir los activos (derechos) menos pasivos (obligaciones), es el capital propio.

VENCIMIENTO [Maturity]

Es aplicado a los certificados de garantía y al papel comercial; la fecha final en la que debe de ser pagado el capital principal.

Recursos en el Internet

www.ri.gov (RI Government)
www.risbdc.org (RI Small Business Development Center)
www.cweprovidence.org (Center for Women & Enterprise)
http://www.centerdesignbusiness.org/ (Center for Design & Business)
http://www.sec.state.ri.us/ (Secretary of State)
http://www.sec.state.ri.us/dem/ (DEM)
http://www.score.org/ (SCORE)
http://www.ltgov.state.ri.us/ (Lt. Governor)
http://www.rieac.org/ (Export Assistance Center)
www.riedc.com (Economic Development Corp.)
www.rimes.org (RI Manufacturing Extension Services)
www.dlt.state.ri.us (Dept. Labor & Training)
http://www.tax.state.ri.us (Div. Taxation)
www.sba.gov (Small Business Administration)
http://www.purchasing.state.ri.us/home.html (Purchasing for the RI)
http://www.networkri.org/ (Job Bank, Unemployment, Labor & Training, etc.)
http://www.ritec.org (Technology Council)
http://web.bryant.edu/~verizon/ (Verizon-Bryant Telecommunications Center)
http://www.rimbe.org/ (Minority Certification)
http://www.dhs.state.ri.us/ (Human Services)
http://www.irs.gov/ (IRS)
http://www.provlib.org/ (Providence Public Library)
http://www.homebasedbusinessri.com/ (RI Home based Businesses
Organization)
http://www.onlinewbc.gov/ (Women Business Centers)
http://www.bplans.com/ (Business Plan samples)
http://www.usps.gov/ (Postal Service)
http://www.nase.org/ (Nat'l Association Self Employed)
http://www.deionassociates.com (Deion Associates and Strategies Inc.)
http://www.standardandpoor.com/ (Standard & Poor)
http://www.thomasregister.com/ (Thomas Register)

Revistas

http://www.inc.com/ INC Magazine
http://www.entrepreneurmag.com/ Entrepreneur Magazine
http://www.forbes.com/ Forbes Magazine
http://www.hispanicbusiness.com Hispanic Business
http://www.hispaniconline.com   Hispanic Magazine
http://www.laopinion.com La Opinión
http://www.hispanicprwire.com/ Hispanic PR Wire
http://www.hispanicad.com Hispanicad.com
http://www.latintrade.com/ Latin Trade Magazine

Asociaciónes Latinas

http://www.aahcpa.org The American Association of Hispanic Certified Public Accountants
http://www.nahj.org The National Association of Hispanic Journalists (NAHJ)
http://www.Ahaa.org American Association of Hispanic Advertisers
http://www.shpe.org/info/ Society of Hispanic Professiónal Engineers
http://www.loc.gov/rr/hispanic/ The Library of Congress Hispanic Reading Room
http://www.uschamber.org United States Chamber of Commerce

http://www.haccri.org Hispanic American Chamber of Commerce
http://www.ushcc.com US Hispanic Chamber of Commerce
http://www.provchamber.com/ Providence Chamber of Commerce

Bibliografía

Amor, Daniel. La (R) evolución E-busines: claves para vivir y trabajar en un mundo interconectado, 2000

Bangs, David H. Tengo una excelente idea: ¿Cómo saber si tendrá éxito? 1998

Bangs, David H. Jr. Cómo arrancar tu propio negocio: lo que debes hacer en el lanzamiento de tu empresa para tener éxito, 1998

Bangs, David H. El Plan de Negocios: Guia completa para definer tu producto, servicio, Mercado y financiamiento, 1998

Barrajas, Louis Micro Empresa, Mega Vida: Cinco Pasos para una gran vida a travez de tu pequeña empresa, 2007

Enciclopedia del Management, 2001

Duque, Arango. Cómo trabajar por su propia cuenta en los Estados Unidos: cuarenta ocupaciones independientes para escoger, 1996

Failde, Augusto. Exito latino: secretos de 100 profesionales latinos de más poder en Estados Unidos, 1996

Fernandez Aparicio, Ricardo. Diccionario del hombre de negocios = Business man dictionary, 1988

Ginebra, Joan. Las empresas familiares: su dirección y su continuidad, 1997

Pinson, Linda. Anatomía de un plan de negocio: una guía gradual para comenzar inteligentemente, levantar el negocio y asegurar el futuro de su compañía, 1997

Pinson, Linda & Jerry Jinnett. 20 pasos para desarrollar tu negocio: comienza hoy un sólido futuro, 1998

Poteet, Howard. Cómo empezar su propio negocio: sanos consejos de los expertos de la administración de la pequeña empresa de los Estados Unidos, 1998

Sosa, Lionel. El sueño americano: cómo los latinos pueden triunfar en Estados Unidos, 1998

Weinstein, Matt. Trabaje menos y gane más (pasándolo bien): ciencuenta formas para conseguirlo, 2000

Weygand Bob, Guia de Servicios 1996/97 para pequeños negocios, 1996

Revistas

Ahora también puede llevarse a casa las revistas. Los últimos números están disponibles en la colección de Español en el 1er. Piso de la Biblioteca Principal.

Newsweek en Español

v.6 n.37 (Sep.12, 2001); v.7 n.8 (Feb. 20, 2002); v.7 n.12 (Mar. 20, 2002); v.7 n.16 (Apr. 17, 2002); v.7 n.18 (May 1, 2002); v.7 n.20 (May 15, 2002) to v.7 n.28 (Jul. 10, 2002)

Sitios de Internet

Guía para Comenzar un Negocio
http://www.worldlinq.org/qcoedc/Spanish/introduction_sp.html

Guía para Establecer y Operar un Negocio en el Estado de Arizona
http://www.commerce.state.az.us/pdf/smallbus/SpanishBook.pdf

Soy Entrepreneur.com
http://www.soyentrepreneur.com/

Glosario de términos básicos para iniciar un negocio
http://www.terranet.com/finanzas/articulo/html/fin2481.htm

www.ingramcontent.com/pod-product-compliance
Lightning Source LLC
Chambersburg PA
CBHW060018210326
41520CB00009B/934